Gestalt-Psychologie

Der deutsche Psychologe Kurt Koffka (1886 – 1941) gehört zu den Begründern der Gestaltpsychologie. Die Gestaltpsychologie ist eine naturwissenschaftlich orientierte Richtung der Wahrnehmungs- und Entwicklungspsychologie und heute nach wie vor aktuell. Nach seiner Promotion wurde Koffka 1911 an die Universität Gießen berufen, wo er ab 1918 als außerordentlicher Professor unterrichtete. Von 1927 an lehrte er als Forschungsprofessor am Smith College in den USA. 1934 wurde er in die American Academy of Arts and Sciences gewählt. Als sein Hauptwerk gilt die systematische Darstellung der Gestalttheorie in dem zum Klassiker gewordenen Buch „Principles of Gestalt Psychology" (1935). Seit 2007 verleiht die Justus-Liebig-Universität Gießen jährlich die Kurt-Koffka-Medaille an international herausragende Forscher des Fachgebiets.

Der Naturwissenschaftler Dipl.-Math. Klaus-Dieter Sedlacek, Jahrgang 1948, studierte in Stuttgart neben Mathematik und Informatik auch Physik. Nach fünfundzwanzig Jahren Berufspraxis in der eigenen Firma widmet er sich nun seinen privaten Forschungsvorhaben und veröffentlicht die Ergebnisse in allgemein verständlicher Form. Darüber hinaus ist er der Herausgeber mehrerer Buchreihen unter anderem der Reihen „Wissenschaftliche Bibliothek" und „Wissenschaft gemeinverständlich".

Professor Dr. Kurt Koffka
Klaus-Dieter Sedlacek (Hrsg.)

Gestalt-Psychologie

Einführung in die neue Psychologie
vom Begründer der Gestaltpsychologie

Vom Herausgeber neu bearbeitet
und mit Anmerkungen versehen.

Wissenschaftliche Bibliothek Bd. 14

Bibliografische Information Der Deutschen Bibliothek:
Die Deutsche Bibliothek verzeichnet diese Publikation in der
Deutschen Nationalbibliografie; detaillierte
bibliografische Daten sind im Internet über
http://dnb.ddb.de
abrufbar.

Neubearbeitung

Coverdesign, Neubearbeitung: Klaus-Dieter Sedlacek
Internet: https://toppbook.de

Herstellung und Verlag:
BoD – Books on Demand, Norderstedt
ISBN 978-3-7431-0353-5

Soweit Textteile der Gemeinfreiheit unterliegen,
werden für diese **keine** Immaterialgüterrechte wie Copyright geltend gemacht.

Inhaltsverzeichnis

EINLEITUNG..7
    Alte und neue Psychologie...7

I. ABGRENZUNG UND AUFGABE DER PSYCHOLOGIE.................10
    1. Das Seelische und das Bewusstsein als Gegenstand der Psychologie...10
    2. Das äußere Verhalten als Gegenstand der Psychologie........................12
    3. Bestimmung des Gegenstandes..13
    4. Erklärende und verstehende Psychologie..15
    5. Einteilung der Psychologie...19

II. ALLGEMEINE AUFBAUPRINZIPIEN DER HERKÖMMLICHEN PSYCHOLOGIE..24
    1. Das Zerlegungs-Prinzip und die Konstanz-Annahme...........................24
        a) Die Empfindungen..24
        b) Die Assoziation..26
    2. Die assoziative Erklärung des Denkens. Die Konstellations-Theorie......29
    3. Die Aufmerksamkeit..32
    4. Die affektiven Elemente, die Gefühle...36
    5. Allgemeine Charakteristik des Systems der Assoziationspsychologie.....37
    6. Andere Systeme und ihre Prinzipien...38
    7. Physiologische Grundlagen..41

III. PSYCHOLOGIE DER WAHRNEHMUNG.......................................45
    1. Der in der Wahrnehmung konstruierte Dualismus der höheren und niederen Prozesse..46
    2. Die Voraussetzungen dieses Dualismus..47
        a) Die Konstanzannahme..47
        b) Die objektiven, nicht erfassten psychischen Relationen.....................49
        c) Der Vorgang des Erfassens..50
    3. Der Simultanvergleich..52
        a) Phänomenologie. Undverbindungen und Gestalten...........................52
        b) Bedingungen für Gestaltung. Das Zusammenfassen..........................53
        c) Die besondere Form der Verhältniswahrnehmung.............................55
    4- Die Einstellungen. Gestalten, Gestalt-Prozesse und Dispositionen.........57
    5. Deskriptions- und Funktions-Begriffe. Zur psychologischen Methodik......62
    6. Das theoretische Problem der Wahrnehmungsgestalten. Komplextheorie und Gestalttheorie..67
        a) Beliebigkeit und „gute" Gestalt...67

b) Gestalt und Chaos. Die „Bestimmtheit"...71
7. Die Erforschung der Gestalten...75
8. Gestalt und Aufmerksamkeit..85
9. Wahrnehmung und Gedächtnis. Nativismus und Empirismus. Die Entwicklung der Wahrnehmungen...88
10. Physiologische Hypothesen..94

IV. GEDÄCHTNIS UND DENKEN...97
1. Das Lernen. Gedächtnis und Erfolg-Problem......................................97
2. Die Konstellations-Theorie von Assoziation und Determination...........100
3. Die Denk-Gestalten...104
4. Schöpferisches Denken. Intelligenz...112

V. WOLLEN UND HANDELN..118
1. Die einfachsten Reaktionsformen..118
2. Die Instinkt-Handlungen und die Affekte...122
3. Gebaren und Erleben...129
4. Intelligenz- und Willenshandlungen. Charakter..................................132
5. Affekte und Werte..139

LITERATUR..142
Kapitel I:..142
Kapitel II:...142
Kapitel III:..143
Kapitel IV:..144
Kapitel V:...144

STICHWORTVERZEICHNIS..145

EINLEITUNG

Alte und neue Psychologie

Zwei Umstände sind es, die der Aufgabe, die Psychologie im Rahmen dieses Buchs zu behandeln, ihr besonderes Gepräge verleihen. Zum ersten ist die Psychologie eine Erfahrungswissenschaft und enthält eine Fülle empirisch ermittelter Tatsachen. Zum zweiten gibt es wohl keine Wissenschaft, die eine so schnelle Entwicklung durchmacht hat in dem Aufbau ihrer Prinzipien. Die Folge davon ist, dass die Deutung vieler Tatsachen strittig ist, dass es wohl keine einzige psychologische Theorie gibt, die von allen Psychologen anerkannt würde.

Die unbestrittenen Tatsachen, und nur diese, mitzuteilen, das hieße aber die Psychologie als Wissenschaft draußen lassen. Wenn auch in guter Theorie jede psychologische Tatsache, auch die unscheinbarste, philosophisch von Wert sein kann, so ist ohne jede Theorie auch die bedeutungsvollste Tatsache nur unverarbeiteter Stoff; ja, streng genommen, eine bloße Tatsachensammlung ohne theoretischen Leitfaden ist gar nicht darzustellen, noch weniger zu gewinnen. Erfahrungswissenschaft, und besonders experimentelle Wissenschaft, fragt, und jede Frage setzt eine Theorie voraus.

Aber auch das Verfahren, alle Theorien gleichmäßig aufzuzählen, schien mir unangebracht. Nicht nur weil der zur Verfügung stehende Raum solchem Vorhaben enge Grenzen gesetzt hätte, sondern vor allem, weil so nur ein verworrenes Bild der Bestrebungen hätte entstehen können, die heute in der Psychologie lebendig sind.

Ich habe als forschender Psychologe daher einen dritten Weg gewählt. Ich habe versucht, die psychologische Theorie, die sich von allen früheren am grundsätzlichsten unterscheidet, den alten gegenüberzustellen und zu zeigen, wie Problemstellungen und Lösungen ein völlig neues Gesicht bekommen. So war es vor allem möglich, eine in sich geschlossene Psychologie zu entwickeln, eine Psychologie, die nicht anders im Laboratorium arbeitet als bei der Erfassung der Persönlichkeit. Diese Psychologie weiß, dass ihre Formulierungen Ansätze sind, die ihre Fruchtbarkeit täglich beweisen muss. Ich habe mich bemüht, das Fundament von Methoden und Tatsachen, auf dem diese Theorie ruht, möglichst klar im großen Umriss aufzudecken, und habe die speziellen Tatsachen, die ich etwas eingehender behandelt habe, unter diesem Gesichtspunkt ausgewählt.

Die neue Psychologie ist nicht aus dem Nichts erwachsen. Ohne die Methoden und Tatsachen, welche die moderne Psychologie seit G. Th. Fechner erarbeitet hat, wäre sie ungeboren. Sie weiß auch sehr genau, dass das Problem, das ihr im Mittelpunkt steht, so alt ist, wie die Psychologie überhaupt, so alt vielleicht, wie sich Menschen mit Wissenschaft beschäftigen. Sie weiß ferner, dass auch in der modernen Psychologie mehrere Versuche unternommen worden sind, in der Richtung, in der sie selber vorwärts dringt. Und sie weiß endlich, dass auch die Psychologie, der sie sachlich am schärfsten entgegentritt, ihre Prinzipien nicht unbekümmert um die gleichen Hauptprobleme entwickelt hat, dass große Entsagung und mühselige Arbeit nötig waren, diese Psychologie zu schaffen. Sachliche Gegnerschaft heißt also nicht Herabsetzung der Leistung der älteren Psychologen. Aber der sachliche Gegensatz, der besteht, kann, zumal in einem so knappen und aufs Prinzipielle gestellten Abriss wie diesem, nicht scharf genug gezeichnet werden. In der Darstellung herkömmlicher Verfahrensweisen ist daher kein einzelner Psychologe gemeint, sondern ein dem gesamten psychologischen Denken bislang eigener Zug. Fast jeder Psychologe hat an dieser oder jener Stelle das starre Prinzip durchbrochen, und je mehr Blick er für die lebendigen Tatsachen hatte, um so häufiger. Es ist heute noch ein Vergnügen, die alten Lehrbücher von Külpe, Ebbinghaus, James zu lesen. Aber da es nicht auf die Psychologen ankam, sondern auf die Psychologie, so musste das Bild typisiert werden, so gemalt, dass es leicht ist, zu sagen: Das hat ja aber nie jemand gemeint. Mag dieser Einwand noch so berechtigt sein, wenn auch kein Psychologe es so gemeint hat, die Psychologie hat es so gemeint, d. h., die in dem Bild geschilderten Prinzipien waren die

Grundlagen, auf denen die Psychologie aufgebaut wurde, und diese Prinzipien, konsequent verfolgt, geben das Bild, das wir kennenlernen werden.

I. Abgrenzung und Aufgabe der Psychologie

1. Das Seelische und das Bewusstsein als Gegenstand der Psychologie

Jeder Versuch, das Gebiet wissenschaftlicher Forschung, das man als Psychologie bezeichnet, gegen andere Gebiete abzustecken, trifft auf unvermutete Schwierigkeiten. Bestimmt man die Psychologie als die Wissenschaft vom Seelischen, so ist damit jedenfalls eine Abgrenzung nicht gegeben, denn einerseits behandeln auch Metaphysik und Naturphilosophie Fragen, die sich auf das Seelische beziehen, z. B. die Frage nach dem gegenseitigen Verhältnis von Leib und Seele, andrerseits ist der Begriff des Seelischen selbst nicht so bestimmt, dass man ohne Schwanken und Zweifeln jeden Gegenstand dieser Welt als seelisch oder nicht-seelisch bezeichnen könnte. Diese Unbestimmtheit des Begriffs „seelisch" bezieht sich sowohl auf seine Wesensbestimmung wie auf die Kriterien seiner Anwendbarkeit, mag man hierin zwei getrennte Probleme oder nur zwei Seiten eines und desselben erblicken wollen. Auf die Frage der Wesens-Bestimmung soll hier nicht eingegangen werden, dafür sei an einem Beispiel die Schwierigkeit, brauchbare Kriterien zu finden, aufgezeigt: ein Jäger auf der Jagd. Ist das ein, wenigstens teilweise, seelischer Vorgang? Wenn man das bejaht, ist es der jagende Löwe auch, die Beute erlegende Spinne, die ihre Nahrung mit Pseudopodien einfangende Amöbe? So schwer es fallen mag, den letzten Fall mit einzuschließen, so schwer ist es auch, eine Trennungslinie nach fest definierten Gründen zu ziehen. Bejaht man etwa als Psychovitalist auch bei der Amöbe unsere Frage, so fällt Leben mit Seelischem zusammen, und eine Bestimmung der Psychologie als Wissenschaft vom Seelischen verliert erst recht die Fähigkeit, das spezifisch psychologische Forschungsgebiet abzugrenzen.

Es liegt nahe, das Seelische mit dem Bewusstsein zu identifizieren. Doch hilft dieser Ausweg uns nicht weiter, denn es gibt Begriffe, die ohne jeden Zweifel in das Forschungsgebiet der

1. Das Seelische und das Bewusstsein als Gegenstand der Psychologie

Psychologie fallen, und die sich nicht in Bewusstseinstatsachen, Phänomenen, erschöpfen. So die Begriffe Gedächtnis, Charakter, Intelligenz.

In der neueren Psychologie hat man aber gerade in den Bewusstseins-Tatsachen die eigentliche Domäne der Psychologie erblickt. Damit ist indessen ebenso wenig eine Abgrenzung der Psychologie möglich. Wo sollen wir in unserem obigen (Jagd-) Beispiel die Grenze ziehen? Streng genommen müssten wir's hinter dem ersten Fall — nur der jagende Mensch kann uns über seine Erlebnisse Auskunft geben —, aber diese Entscheidung würde sachlich Zusammengehöriges künstlich trennen. In der Tat richtet sich die heutige psychologische Forschung nach solcher Grenze nicht. Was macht es für die Natur der Frage für einen Unterschied, ob man einen bestimmten Intelligenzversuch an einem Kind oder an Menschenaffen ausführt, wie sollte es nicht in die gleiche Wissenschaft gehören, wenn ich einmal soziales Verhalten von Schimpansen oder von Hühnern, das andere Mal von Buschmännern oder von gesitteten Zeitgenossen beobachte. Ja, die Psychologie ist in neuester Zeit so weit gegangen, dass sie Probleme, die in der menschlichen Psychologie auftauchten, durch Tierversuche hat lösen wollen und können. Das, was hier zusammenbindet, sind nicht Bewusstseinstatsachen. Denn diese liegen dem Forscher bestenfalls beim Menschen vor. Wir finden vielmals jeweils in sich geschlossene Verhaltensabläufe, die beim Tier oft die engste Verwandtschaft mit denen beim Menschen zeigen können.

Die Abgrenzung der Psychologie durch das Bewusstsein hat praktisch weittragende Folgen gehabt. Durch diese Grenzziehung ist die Auswahl der wirklich bearbeiteten Probleme in bestimmter Weise festgelegt worden, und Hand in Hand damit haben sich die Erklärungsprinzipien entwickelt. Die modernen Psychologen haben sich vorzugsweise mit dem beschäftigt, was den Philosophen und den Vertretern der Geisteswissenschaftler als die äußerste Schale des Seelischen erschien.

2. Das äußere Verhalten als Gegenstand der Psychologie

Es konnte daher an Gegenströmungen nicht fehlen, von denen sich die jetzt zu besprechende gerade gegen die bisher übliche Bestimmung und Abgrenzung der Psychologie richtet, ich meine die in Amerika stark gewordene Strömung der Verhaltenspsychologie. Sie verwirft beide bisher betrachteten Definitionen der Psychologie, die durch das Seelische sowohl wie die durch das Bewusstsein. Damit verzichtet sie auch prinzipiell auf alle „Selbstbeobachtung" und sieht ihre Aufgabe lediglich darin, das äußere Verhalten von Lebewesen in bestimmten Situationen zu beschreiben. Sie will wissen, was für Reaktionen unter was für Bedingungen ein Organismus ausführt, ob eine bestimmte Reaktion geerbt oder erworben ist; sie verfolgt den Gang solcher Erwerbungen usw. und betrachtet stets als ihr Objekt das ganze Individuum. Diese letzte Bestimmung gibt die Abgrenzung gegen andere biologische Wissenschaften, vor allem gegen die Physiologie, die sich mit der Funktion einzelner Organe oder Organkomplexe beschäftigt.

Die Betrachtungsweise muss notwendig gegenüber denjenigen Problemen der Psychologie versagen, die bisher als die spezifisch psychologischen gegolten haben. Wenn man nur die äußere Reaktion in den Kreis der Betrachtung zieht, so kann man dem Denken, aber auch der Wahrnehmung nicht gerecht werden. Gerade bei den größten Denkleistungen kann die äußere Reaktion eine minimale sein, sie ist ferner in solchen Fällen oft ganz und gar unspezifisch: Zuklappen eines Buches, Aufstehen vom Tisch u. a. Die Abgrenzung, die wir durch diese Bestimmung der Psychologie erhalten, ist aber nicht nur zu eng, sie führt sogar am wichtigsten vorbei, wenn man sich streng an sie hält.

Der Fehler dieser Betrachtung liegt darin, dass sie ganz willkürlich aus der Gesamtreaktion des Organismus einen bestimmten Teil, die äußerlich wahrnehmbare und möglichst auch registrierbare Reaktion herausgreift, ein Fehler, der von heutigen Vertretern der Verhaltens-Psychologie klar erkannt wird. Sind, um ein krasses Beispiel zu geben, die Reaktionen auf die

Situation: Examens-Aufgabe lösen von zwei Kandidaten, von denen der eine eine fehlerfreie Lösung gibt, während der andere ein ganz ungenügendes Machwerk abliefert, unterschieden nur durch die verschiedenen Schreibbewegungen und eventuell auch durch die verschiedenen Drüsensekretionen, die der hochgemuten Stimmung des ersten, der ängstlichen des zweiten entsprechen?

Es ist leicht, diese Lehre ad absurdum zu führen, aber es wäre leichtfertig, darum an ihr vorüberzugehen. Es muss ein tiefer Grund sein, der einer solchen Betrachtungsweise eine bedeutende Zahl von begeisterten Anhängern verschafft hat. Es ist das gleiche Motiv, das auch in Deutschland zu der am Anfang des 20. Jahrhunderts sehr kräftigen Kampffront gegen die experimentelle Psychologie geführt hat: Die Lebensferne, in die diese Wissenschaft geraten war. Dass man in Deutschland nicht zur Verhaltenspsychologie kam, liegt daran, dass es bei uns nicht naturwissenschaftlich, sondern geisteswissenschaftlich interessierte Kreise waren, von denen die Opposition ausging.

Die Berechtigung dieses Grundes lässt sich nicht bestreiten. Nicht als ob, richtig angesehen, die Probleme, an denen die experimentelle Psychologie vorwiegend gearbeitet hat, letzten Endes mit wahren lebendigen Problemen in keinem Zusammenhang stünden, wohl aber weil der Zusammenhang vielfach, wenn auch sicher nicht von den Führern unserer „klassischen" Psychologengeneration übersehen oder, noch schlimmer, falsch gedeutet wurde.

3. Bestimmung des Gegenstandes

Wir haben neben der zu wenig konkreten Bestimmung durch das Seelische zwei Abgrenzungen kennengelernt, die beide unzureichend waren: Psychologie als Lehre vom Bewusstsein und als Lehre vom äußeren Verhalten.

Wie, wenn der Gegensatz zwischen beiden kein letzter wäre, wenn beide Bestimmungen eine Wahrheit enthielten, aber keine die ganze? Mit anderen Worten: Lässt sich auch das, was man

Bewusstsein, was man Erlebnisse nennt, unter den Gesichtspunkt des Gesamtverhaltens eines Lebewesens bringen? Ich glaube, man braucht diese Frage nur aufzuwerfen, um sie sofort zu bejahen. Ist „Furchtreaktion" nur das Stocken des Atems, Erblassen, starkes und schnelles Herzklopfen, Schweißreaktion und Davonlaufen usw.? Oder ist diesem Verhalten nicht auch das eigentümlich, was man eben als „Angstgefühl", als „Leere" u. ä. beschreiben will. Welches Recht hat man, das Furchtgebaren des A nur von B, C beschreiben zu lassen, nicht aber von A selbst? B, C würden die Aussagen der ersten Art machen oder machen können, A selbst vor allem die der zweiten Art. Es möchte scheinen, dass die Aussagen von A selbst von mindestens der gleichen Bedeutung seien wie die von B, C. Man kann nun schematisch sagen: Die Bewusstseins-Psychologie verwendet nur die Aussagen von A, die Verhaltens-Psychologie nur die von B, C. Beide sind unvollständig. Es gibt sicher Beobachtungen der ersten Art, die A nicht machen könnte, er wird keine Ahnung haben vom Rhythmus seines Laufs, was B, C z. B. durch Filmaufnahmen festlegen könnten. Aber Beobachtungen der zweiten Art kann überhaupt nur A machen. Nun kommt aber ein Drittes hinzu: Die B, C werden, wenn sie als naive Menschen und nicht als Verhaltens-Psychologen den A beobachten, dessen Gebaren (= durch bestimmte Besonderheiten gekennzeichnetes Verhalten) ganz anders beschreiben, sie werden einfach sagen: Der hat sich furchtbar ängstlich benommen, und dazu brauchen sie nicht seine Atem- und Pulstätigkeit festgestellt, die einzelnen Bewegungen seiner Glieder registriert zu haben. Diese dritte Art von Aussagen, die von B, C stammt, ist aber aufs Engste verwandt mit der zweiten Art, die von A stammt, und wir wollen jetzt für diese Arten eigne Namen einführen. Die zweite ist die sogenannte innere oder Selbst-Beobachtung, die wir lieber Erlebnis-Beobachtung nennen. Die erste wollen wir als Vorgangs-, die dritte als Gebarens-Beobachtung bezeichnen.

Woher diese Übereinstimmung zwischen den Aussagen des A und des B, C stammt, ist eine Frage für sich. Dass sie besteht, ist eine Tatsache, an der die Psychologie nicht vorübergehen darf. Wir entnehmen dieser Tatsache nur ein weiteres Argument dafür, dass wir auch das, was A allein beschreiben kann, die Vorgänge in seinem Bewusstsein, seine Erlebnisse, zu seinem Verhalten rechnen müssen. Wir hätten dann ein äußeres und ein inneres Verhalten zu unterscheiden, um eine bequeme Terminologie zu gebrauchen, und das äußere, von B, C beobachtbare Verhalten ließe sich auf doppelte Weise beschreiben.

Wenn wir das Verhalten so abgrenzen, dann können wir in der Tat die Psychologie, so wie sie tatsächlich betrieben wird, als Wissenschaft vom Verhalten bestimmen. Dass wir von Psychologie sprechen, liegt daran, dass wir von solchem Gesamtverhalten ausgehen, von dem wir sowohl das äußere wie das innere erfahren können, d. h. vom menschlichen. Aber auch wo die Erlebnisbeobachtung fortfällt, wie fast im ganzen Bereich der vergleichenden Psychologie, halten wir an der doppelten (B-, C-) Beobachtung fest, und sprechen von Psychologie im eigentlichen Sinn nur da, wo auch Gebarensbeobachtung möglich ist. Natürlich wird die Psychologie vielfach auch Tatsachen heranziehen müssen, die lediglich der Vorgangsbeobachtung zugänglich sind; aber Pupillen-Reflexe, Aktionsströme usw. allein können nie eine Psychologie ausmachen.

Haben wir damit eine feste Abgrenzung? Denken wir wieder an unser erstes (Jagd-) Beispiel; können wir jetzt einen sicheren Schnitt legen? Gehört das Verhalten der Amöbe zur Psychologie oder nicht? Unsere Antwort muss lauten: wenn Beschreibungen der dritten Art prinzipiell auf die Bewegungen der Amöbe anwendbar sind, dann ja. Die Frage bekommt jetzt einen konkreten Inhalt. Ehe sie beantwortet ist, muss freilich festgestellt werden, ob überhaupt Entscheidbarkeiten für die Anwendbarkeit dieser Beobachtungsart existieren, und diese Frage kann hier noch nicht erörtert werden.

4. Erklärende und verstehende Psychologie

Wir können jetzt auch zu einem Gedanken Stellung nehmen, der in der deutschen Psychologie entwickelt worden und zu großer Bedeutung gelangt ist. Man will eine „erklärende" und eine „verstehende" Psychologie einander gegenüberstellen, man

I. ABGRENZUNG UND AUFGABE DER PSYCHOLOGIE

nennt die erste wohl auch eine natur-, die zweite eine geisteswissenschaftliche und argumentiert folgendermaßen,

a) Gegeben irgendeine Handlung eines Individuums: Die erklärende Psychologie bemüht sich, diese Handlung in reiner Naturkausalität zu erklären, sie etwa auf Gesetze der Assoziation zurückzuführen. Damit ist aber für das „Verständnis" dieser Handlung noch nichts gewonnen. Was weiß ich von Cäsars Entschluss, den Rubikon zu überschreiten, wenn ich nur weiß, dass er durch das Spiel der verschieden starken miteinander im Wettstreit liegenden Reproduktionstendenzen zustande gekommen ist? Kein Historiker wird sich auf die Assoziationsgesetze berufen, wenn er dies geistige Ereignis schildert; er wird uns die Motive, nicht die natürlichen Ursachen schildern, wird uns in einen Zustand versetzen, dass wir die Seelenkämpfe Caesars, seine Entscheidung wirklich „verstehen". b) Nicht weniger wichtige Fragen treten auf, wenn es sich um die allgemeinen Eigenschaften geistiger Leistungen überhaupt handelt. Wie hängen die verschiedenen Ausdrucksformen einer Kultur miteinander zusammen, was für große Typen gibt es unter diesen Ausdrucksformen bzw. unter den dahinterstehenden Kräften? So kommt man zu Begriffen wie „Lebensformen", sucht eine Typologie der Weltanschauungen und scheidet, da die Begriffe der üblichen experimentellen Psychologie für solche Aufgaben nichts nützen, solche Forschungen streng von den vermeintlich prinzipiell andersartigen der naturwissenschaftlichen Psychologie ab. Dass hier ein Gegensatz besteht, leuchtet ein, aber wieder müssen wir fragen: Ist er endgültig? Wer das behauptet, setzt voraus, dass Erklärung, im Sinne naturwissenschaftlicher Erklärung, blind sei, nichts andres als die Feststellung letzten Endes zufälliger, kontingenter Zusammenhänge zwischen Ereignissen. Solche Erklärung ist in der Tat himmelweit verschieden vom sinnvollen Verstehen. Diese Voraussetzung zu prüfen ist nicht Sache dieses Kapitels, das ist eine Frage der Erkenntnistheorie. Aber Handlungen, die dem Verstehen „sinnvoll" erscheinen, durch sinnlose Gesetze erklären, das ist eine unerfüllbare Aufgabe. Stumpfs an Brentano anknüpfende Unterscheidung der Erscheinungen und psychischen Funktionen, der

4. Erklärende und verstehende Psychologie

große Kampf, der von Külpe und seiner Würzburger Schule gegen die Assoziationspsychologie geführt wurde, wie alle verwandten Bestrebungen, suchen dieser Erkenntnis gerecht zu werden. Es wäre nicht eine naturwissenschaftliche Psychologie, die glaubt, auch nur in irgendeinem Sinn Wesentliches gewonnen zu haben, wenn sie etwa die religiösen Erlebnisse als zu einem Totalgefühl verschmolzene zusammengesetzte Gefühle bezeichnet, sondern eine schlechte, eine falsche Psychologie.

Die Psychologie kann also diesen Unterschied der verstehenden und erklärenden Psychologie nicht als endgültig anerkennen. Die Arbeit an Einzelproblemen, die, wenigstens z. T., wirklich durch ihre Isolierung sinn- und wertfremd waren, hat den Blick der Forscher vom zielstrebigen Gesamtverhalten abgebracht und so den Schein aufkommen lassen, als gäbe es eine psychologische Wissenschaft, die sich um all dies nicht zu kümmern brauche. Es ist dieselbe Erscheinung, die als Reaktion die amerikanische Verhaltenspsychologie hervorgerufen hat.

Indem wir eine „erklärende" Psychologie im Sinn dieser Unterscheidung ablehnen, bekennen wir uns aber noch nicht zu dem, was sie unter „verstehender" meint. Dass „praktische und künstlerische Seelenkunde" (Psychognosis) von Anfang an das psychologische Denken und Forschen beeinflusst hat, das hat Dessoir in seinen historischen Darstellungen gezeigt. Wir verdanken in neuerer Zeit „verstehenden" Psychologen, wie Dilthey, Spranger, Jaspers gewiss wertvolle Erkenntnisse, aber wir finden, dass dies Einzelleistungen besonderer Köpfe sind und bleiben müssen, nicht durch die Arbeit anderer ausgebaut werden können, dass sie nicht aus einer lehrbaren Methode stammen. Es muss hier außer Betracht bleiben, ob dies Wesen geisteswissenschaftlicher Forschung überhaupt ist, ebenso, ob der Unterschied zwischen geistes- und naturwissenschaftlicher Methode ein letzter bleiben muss. Aber die Psychologie wird das als unverlierbaren Gewinn ihrer modernen Gründer und Vorkämpfer nie aufgeben, dass ihre Methode lehrbar sei, und dass sie mit ihren Methoden ihre Sätze auch wirklich beweisen kann.

I. ABGRENZUNG UND AUFGABE DER PSYCHOLOGIE

Psychologie, wie wir sie fordern, muss also — im Idealbild — jenseits der Gegensätze Verstehen und Erklären liegen, wenn sie auch praktisch Mittel anwenden wird, die sich bald als verstehende, bald als nur erklärende bezeichnen lassen. Wie aber auch jetzt schon der Gegensatz verschwindet, das soll in den folgenden Kapiteln klar werden. Endlich sei erwähnt, dass es psychologische Forschungsrichtungen gibt, in denen verstehende und erklärende Methoden in enger Verflechtung enthalten sind; 1. greift man auf die Physiognomik und ihre verschiedenen Zweige, z. B. die lange Zeit verpönte Grafologie, zurück und versucht, sie wissenschaftlich begreifbar und fruchtbar zu gestalten (Klages). 2. Die viel umstrittene Psychoanalyse. In ihr sind naturwissenschaftliches Erklären und geisteswissenschaftliches Verstehen in charakteristischer Weise gemischt: Das Verhalten wird hauptsächlich aus unbewussten, verdrängten Trieben sowohl erklärt wie verstehbar gemacht, und diese Prozesse der Verdrängung werden möglichst naturhaft gefasst, z. T. mit der üblichen Assoziationstheorie aufs Engste verknüpft. Der äußere Erfolg dieser Bewegung liegt vor aller Augen; aber auch wer über den letzten inneren Wert dieser Lehre, vor allem in ihrer Anwendung auf spezifisch geisteswissenschaftliche Probleme (historische, ästhetische) sein Urteil vollkommen zurückstellt, wird anerkennen müssen, dass die Bewegung einen inneren, sachlichen Erfolg gehabt hat, indem sie befruchtend auf psychologische Beobachtung und Problemstellung einwirkte. Wir werden im Folgenden nur ganz gelegentlich auf die Psychoanalyse zurückkommen können.

Wir fassen noch einmal zusammen:

Psychologie ist die Wissenschaft vom äußeren und inneren Gebaren[1] von Lebewesen.

In dieser Formel ist ausgedrückt, dass die Psychologie neben der Vorgangsbeobachtung auch Gebarens- und Erlebnisbeobachtung benutzt, ja die letzte ist der Psychologie eigentümlich.

---
1 Gebaren ist ein durch bestimmte Besonderheiten gekennzeichnetes Verhalten.

Diese Bestimmung dürfte alle Forschungsgebiete der Wissenschaft umfassen. Wenn sie nicht absolut scharfe Grenzen ziehen kann, so liegt das nicht an ihr, sondern an der Sache selbst. Es ist doch kein Zufall, dass es so schwierig ist, überhaupt eine brauchbare Grenze zu finden.

5. Einteilung der Psychologie

Wir suchen das so abgesteckte Gebiet näher einzuteilen. Wir stellen an den Anfang die allgemeine experimentelle Psychologie, die mit experimentellen Mitteln das Verhalten des normalen erwachsenen Menschen unserer Kultur studiert.

Dass wir vom erwachsenen Menschen ausgehen, ist leicht zu rechtfertigen. Nur bei ihm sind alle drei Beobachtungsarten anwendbar, hier also können wir ein Maximum an Material bei einem und demselben Vorgang erhalten. Erlebnisbeobachtung, wie sie die Psychologie treibt, ist nämlich durchaus keine einfache Sache, sie muss erlernt werden, wie jede feinere wissenschaftliche Beobachtung, und ist deshalb besonders schwer zu erlernen, weil sie dem natürlichen Verhalten, das auf die Dinge der Welt gerichtet ist, entgegensteht. Man muss bedenken, dass unsere Sprache den Vorgängen in der Welt angepasst ist, nicht aber, bis auf besonders hervorstechende Gebiete, den Erlebnissen. Nicht alle A-Beobachtungen im oben gebrauchten Sinn sind für die Psychologie gleich oder auch nur in gleichem Sinn brauchbar. Auch Kinder können A-Beobachtungen machen, u. U. sogar, wie eine von Révész veröffentlichte Arbeit zeigt, sehr feine und wohl verwertbare, da aber der Erlebnisbeobachtung auch die Aufgabe zufällt, eigene Begriffe zu schaffen, so werden wir dafür zunächst nicht Kinder verwenden. Erlebnisbeobachtung in diesem Sinn wird also hauptsächlich von Fachpsychologen getrieben.

Dass wir vom normalen Menschen ausgehen, bedarf kaum einer Begründung. Dagegen ein Wort über das Experiment: Wir brauchen als Ausgangspunkt und noch mehr als Prüfstein unserer Theorien Feststellungen, die so fest wie irgend möglich in Tatsachen zu verankern, so genau wie möglich zu bestimmen sind. Beides leistet nur experimentelles Verfahren, indem die

I. ABGRENZUNG UND AUFGABE DER PSYCHOLOGIE

Bedingungen, unter denen ein Verhalten auftritt, vorher genau festgelegt und planmäßig variiert werden, in dem das Verhalten selbst aufs Genaueste festgestellt und u. U. sogar der Messung unterworfen wird.

Der experimentellen Psychologie stelle ich die vergleichende Psychologie gegenüber. Unter diesen Sammelbegriff fallen, je nach der Richtung, in der man sich vom Ausgangspunkt entfernt, verschiedene Disziplinen, die, nebenbei bemerkt, mehr oder weniger nach Möglichkeit auch das Experiment benutzen. Wir ändern nacheinander die einzelnen Bestimmungen unserer Ausgangswissenschaft ab.

a) Sie war generell, d. h., es kam uns primär auf das den verschiedenen Individuen Gemeinsame an, die individuellen Differenzen waren nicht als solche interessant. Es kann aber jetzt das Individuum selbst Problem werden. Man kann die individuellen Differenzen für sich selbst untersuchen, Zusehen, ob gewisse Eigenschaften eines Individuums andere nach sich ziehen, um so nicht nur zu einer Typenlehre, sondern auch zu einer Lehre vom Individuum selbst zu kommen. Wir sprechen daher von Individualpsychologie.

b) Wählen wir als Objekte unserer Untersuchung den nichtnormalen, Menschen, so haben wir die Pathopsychologie. Ihr Studium macht uns nicht nur mit andersartigen Verhaltungsweisen bekannt, sondern hilft uns auch das normale Verhalten besser verstehen. Ich weise hier nur auf infolge organischer Erkrankung oder Verletzung des Gehirns auftretende Störungen der Sprache oder der optischen Wahrnehmung hin, die uns tiefe Einblicke in den normalen Ablauf dieser Funktionen haben tun lassen, und erinnere daran, dass die Psychoanalyse aus der Beobachtung hysterischer Zustände hervorgegangen ist. Leistet somit die Pathopsychologie der normalen Psychologie wertvolle Dienste, so darf doch nicht vergessen werden, dass schon tiefe normalpsychologische Einsichten dazugehören, den Kern der pathologischen Veränderungen zu erkennen.

c) Statt auf Erwachsene können wir unsere Untersuchung auf frühere Altersstufen richten und kommen dann zu einer Kinder- und Jugendpsychologie, die beide neben ihrem Eigenwert, den sie zumal durch die Bedeutung für die Pädagogik besitzen, von großem Wert für die allgemeine Psychologie sind, nämlich unter dem genetischen Gesichtspunkt. Das Verhalten des Erwachsenen ist erst allmählich so geworden, wie es heute erscheint. Die Kinder- und Jugendpsychologie lässt uns den Entwicklungsgang erkennen, damit zugleich einen Blick in die Gesetze psychischer Entwicklung überhaupt tun. Wir erfassen, wodurch sich entwickeltere Stadien von früheren unterscheiden und was gerade solchen Frühstadien eigentümlich ist.

d) Wir müssen noch eine wichtige Beschränkung aufheben, nämlich die auf das Individuum. Es gilt auch, das Verhalten von Gemeinschaften und von Individuen in der Gemeinschaft zu studieren. Wir kommen zur Sozial-Psychologie und Kultur-Psychologie.

e) Dieser Gesichtspunkt führt uns dazu, die Beschränkung auf unsere eigene Kultur- und Gesellschaftsstufe aufzuheben und auch fremde, vor allem auch weniger entwickelte Gesellschaften in den Kreis unserer Betrachtungen zu ziehen. Die Völker-Psychologie hat wieder eine Bedeutung als genetische Psychologie. Indem wir Gesellschaften verschiedener Kulturstufen miteinander vergleichen, werden bestimmte Prinzipien der Entwicklung klar, der Entwicklung, die auch zu unserm eigenen Zustand hingeführt hat. Das wirft Licht auch auf Tatsachen der allgemeinen Psychologie. Ein Beispiel: Wenn wir verfolgen, wie die Denkmittel, mit denen der Mensch die Welt zu erfassen sucht, sich verändern, wenn wir der Entwicklung der obersten Kategorien nachgehen, die in unserm Denken als Substanz- und Kausalkategorien auftreten, so werden wir

I. ABGRENZUNG UND AUFGABE DER PSYCHOLOGIE

auch über Entstehung und Wesen dieser Kategorien in unserm eignen Bewusstsein wichtige Aufschlüsse erhalten, die wir dann wieder durch Betrachtungen aus der Kinderpsychologie nachprüfen können.

f) Schließlich geben war den Menschen als Objekt auf und setzen an seine Stelle irgendeinen Organismus oder eine Gruppe von Organismen etwa aus der Tierreihe oder Pflanzenreihe. Auch die Tier-Psychologie gehört zur genetischen Psychologie. Gerade über primitive Verhaltungsweisen bekommen wir hier klareren Aufschluss als irgendwo sonst. Das hilft uns auch wieder für die menschliche Psychologie. Einmal können wir Verhaltungsweisen, wie die sogenannten instinktiven, die beim Menschen im Allgemeinen in ganz andersartige eingebettet und mit ihnen vielfältig verwoben auftreten, in Reinheit erkennen, andererseits treten Leistungen, die bei uns nur unter sehr komplizierten und schwer übersehbaren Bedingungen zustande kommen, in viel einfacherer Form auf und lassen dabei ihre Gesetze besser erkennen wie etwa Intelligenz-Leistungen.

Die Gesichtspunkte, nach denen wir die 6 Abteilungen der vergleichenden Psychologie geschieden haben, schließen sich nicht alle gegenseitig aus, sondern kreuzen sich teilweise. So kann man den Gesichtspunkt des Sozialen auch in der Kinder- und Tierpsychologie anwenden, die Individual- und Typenpsychologie lässt sich an Kindern und anderen Völkern ebenso treiben wie an Angehörigen unseres Kulturkreises. Und alle stehen in engster Verbindung mit der allgemeinen Psychologie. Wir können zwei größere Gruppen absondern: 1. die genetische Psychologie, das ist b, c, e, f; 2. die Individual-Sozial-Psychologie a, d, zu der sich auch in vieler Hinsicht b gesellt.

Neben die allgemeine und die vergleichende Psychologie tritt schließlich die angewandte Psychologie und Psychotechnik, die die Anwendung der theoretischen Ergebnisse auf bestimmte Lebensgebiete zur Aufgabe haben. Pädagogische Psychologie,

Berufspsychologie usw. Sie kommen hier, wo es sich um die theoretische Grundlegung handelt, weniger in Betracht.

Es war mir nicht darum zu tun, eine systematische Einteilung der psychologischen Forschungszweige zu geben. Solche Systematik führt fast stets dazu, lebendig Werdendes künstlich zu erstarren. Wohl aber wollte ich die wesentlichen Richtungen aufzählen. Wie gewisse Sonderdisziplinen, etwa die Religionspsychologie oder die Kriminalpsychologie, einzuordnen sind, das wird sich der Leser leicht selbst beantworten können. Im Folgenden werden wir uns vornehmlich auf die allgemeine, die Kinder- und die Tierpsychologie stützen.

II. Allgemeine Aufbauprinzipien der herkömmlichen Psychologie

Dass die Psychologie mit der Erforschung des Menschen begann, ist nicht wunderbar. Damit war der Forschung eine bestimmte Richtung gegeben: hier waren alle drei Arten von Beobachtung möglich, und die eine von ihnen, die Erlebniswahrnehmung, war dieser Betrachtungsweise spezifisch. Das Hauptgewicht fiel daher naturgemäß auf die Tatsachen des Bewusstseins. Freilich bestand keinerlei Einigkeit darüber, was Erlebniswahrnehmung und was ihr Gegenstand sei: zumal über die Objekte der äußeren Wahrnehmung, die Farben, Töne usw. finden wir auch heute noch die verschiedensten Meinungen vertreten.

Wie sollte man die Bewusstseinstatsachen wissenschaftlich bewältigen? Man ging wie überall den Weg der Einteilung und kam zur Unterscheidung zunächst recht grober Klassen, wie sie in den drei Worten: Fühlen, Wollen, Denken angedeutet sind, oder etwas ausführlicher in der Doppelteilung: Sinnlichkeit und Intellekt — Affekte und Wollen. Diese Leistungen der Seele wurden besonderen Seelenvermögen zu geschrieben, sodass man die Denkrichtung, die in der Geschichte unserer Wissenschaft eine große Rolle gespielt hat, als Vermögens-Psychologie bezeichnet.

1. Das Zerlegungs-Prinzip und die Konstanz-Annahme

a) Die Empfindungen

Der weitere Fortschritt beruhte nun auf einem neuen Gedanken: Wir müssen das Bewusstsein als Ganzes zergliedern, es in seine letzten Bestandstücke, seine einfachsten Teile auflösen. Alle Erlebnis-Beobachtung wurde in den Dienst dieser „Analyse" des Bewusstseins gestellt. Man sieht, dass dies Verfahren stark vom naturwissenschaftlichen Vorbild beeinflusst war; dem entspricht auch, dass man darauf ausging, eine möglichst geringe

1. Das Zerlegungs-Prinzip und die Konstanz-Annahme

Zahl wesentlich verschiedener Elemente des Seelenlebens aufzufinden. Dadurch schien es möglich, die Vielzahl der Gebiete zu reduzieren und ein erstaunlich einfaches Bild vom seelischen Geschehen zu entwerfen. Die Wahrnehmungswelt, alles, was uns unsere Sinne von der Welt zeigen, wurde aufgelöst in die Empfindungen, deren Zahl zwar an sich recht groß angenommen werden musste, aber doch mit einiger Bestimmtheit abgeschätzt werden konnte. Vor allem aber war jede Empfindung als Empfindung von der gleichen Art wie jede andere. Diese Empfindungen treten rein summativ zu den Komplexen unserer Wahrnehmung zusammen.

Die Wahrnehmung einer Straße etwa besteht aus den Wahrnehmungen der Pflastersteine, Häuserwände, Dächer, Fenster, Bäume usw. Wir haben es also durchweg mit einem Mosaik oder, wenn man an die den verschiedenen Dingen entsprechenden Gruppen denkt, mit „Bündeln" von Empfindungen zu tun, eine Auffassung, die an Hume erinnert. Wertheimer hat sie denn auch als Bündel-These bezeichnet.

Dieser Begriff der Empfindungen als der einfachsten durch die Sinne vermittelten unzerlegbaren Inhalte, über den eine volle Einigung nie hat erzielt werden können, reicht aber noch viel weiter: Nicht nur unsere ganze Wahrnehmungswelt ist aus Empfindungen zusammengesetzt, auch unsere intellektuellen Operationen, unser Denken, Fantasieren, Erinnern lassen sich auf Kommen und Gehen einer besonderen Art von Empfindungen zurückführen, die man Vorstellungsbilder oder kurz Vorstellungen nennt. Denken heißt nichts als Aufeinanderfolgen von Vorstellungen. Wir müssen, um das zu verstehen, zweierlei im Auge behalten: 1. Jede eigentliche Empfindung lässt nach dieser Lehre, infolge, unseres Gedächtnisses, eine Spur zurück, der zufolge sie auch dann immer wieder in schwächerer Form, d.i. eben als Vorstellung, auftreten kann, wenn der äußere Reiz, der sie hervorrief, nicht wirksam ist. Nach der strengen, auf Hume zurückgehenden Lehre sind Vorstellungen nichts als abgeschwächte Empfindungen. Daher der alte Satz des Sensualismus: nihil est in intellectu, quod non prius fuerit in sensu. Man spricht auch heute noch vielfach von zentral erregten

Empfindungen statt von Vorstellungen. 2. umfassen diese Vorstellungen nicht nur Gesicht, Gehör, Geschmack usw., sondern vor allem auch die Eindrücke, die wir von unsern Bewegungen empfangen haben, die kinästhetischen Empfindungen. Das innere Sprechen, das beim Denken zu beobachten ist, wird demgemäß als Auftreten von kinästhetischen und akustischen Wortvorstellungen beschrieben.

b) Die Assoziation

Sinnlichkeit und Intellekt sind so aufs Engste zusammengerückt. In beiden handelt es sich um die gleichen Bestandteile, die gleichen Inhalte, nur ist das Gesetz ihrer Aufeinanderfolge in beiden verschieden. Die Abfolge der sinnlichen Inhalte, der Empfindungen, wird durch die Reize, d. h. die auf unsere Sinnesorgane wirkenden Vorgänge der Welt, geregelt; die Abfolge der Vorstellungen dagegen durch das altberühmte Assoziationsgesetz, das den Psychologen einst vom gleichen Rang erschien wie das Gravitationsgesetz. Es besagt, dass, ...

> ... wenn zwei Empfindungen einmal zusammen, d. h. gleichzeitig oder in unmittelbarer Aufeinanderfolge im Bewusstsein gewesen sind, jede von ihnen, wenn sie wieder als Empfindung oder als bloße Vorstellung auftritt, die Tendenz hat, auch die andere ins Bewusstsein zurückzurufen.

Als Ursache dieser Tendenz nahm man eine Art Band, ein Zwischenglied, an, eben die Assoziation.

Wir müssen bei diesem Assoziationsbegriff noch etwas verweilen. Wie man zu seiner Bildung gekommen ist, ist leicht zu ersehen. Ich habe gestern auf einem Platz einen bestimmten Vorgang beobachtet, ich gehe heute über den Platz, der Vorgang fällt mir wieder ein. Oder: Ich kann nicht an den Blitz „denken", ohne auch an den Donner zu denken. Solche Beobachtungen, die man nach Belieben häufen könnte, liegen der Begriffsbildung zugrunde. Der Begriff der Assoziation zielt also auf einen unbestreitbaren, auf einen ganz allgemeinen Tatbestand. Ist der Begriff aber ein adäquates Bild dieses Tatbestandes? Diese Frage,

1. Das Zerlegungs-Prinzip und die Konstanz-Annahme

die jahrhundertelang nicht gestellt worden ist, muss schon hier aufgeworfen werden. Wir suchen darum, das wesentliche Merkmal des Assoziationsprinzips zu bestimmen. Ich sehe den Blitz, und ich höre gleich darauf den Donner. Das Prinzip der Assoziation drückt das so aus: In meinem Bewusstsein ist zuerst die Gesichtsempfindung Blitz, darauf die Gehörempfindung Donner, jede ist für sich da, Blitz und Donner sind zwei Empfindungen, noch genauer: Eine Empfindung plus einer anderen Empfindung, die unmittelbar darauf folgte. Wenn mir jetzt beim Sehen eines Blitzes oder beim bloßen Darandenken die Vorstellung des Donners kommt, so wird als notwendiger, aber auch hinreichender Grund hierfür die bloße **Existenzial-Verbindung der Aufeinanderfolge** (in anderen Fällen der Gleichzeitigkeit) angesehen.

Bedenkt man, dass die Psychologie von den Bewusstseinstatsachen, den Erlebnissen, ausgehen will, so muss diese Ansicht zunächst seltsam erscheinen, denn im Erlebnis sind Blitz und Donner nicht eins plus eins, sondern zwei zusammengehörige Ereignisse, gerade so, wie in meinem Erlebnis eine Billardkugel wirklich die andere stößt und nicht nur das Laufen und Stehenbleiben der ersten und das Stehen und Sich-in-Bewegung-Setzen der zweiten gesehen wird. Mit dieser Schwierigkeit wird die Assoziationslehre aber dadurch fertig, dass sie diese Ansicht des naiven Bewusstseins für Schein erklärt, für Schein, der eben durch die Wirksamkeit des Assoziationsgesetzes zustande kommt. Weil sooft Donner auf Blitz folgte, darum ruft jetzt schon der Blitz die Vorstellung des Donners hervor, sodass der wirkliche Donner jetzt durch diese dem Blitz zwangsmäßig folgende Donner-Vorstellung vorausgenommen wird. Dieser Vorgang der zwangsmäßigen Vorausnahme ist in Wirklichkeit das, was uns als Zusammengehörigkeit erscheint.

Die Assoziationslehre bringt also eine Übereinstimmung zwischen ihrem Grundprinzip und den Bewusstseinstatsachen zustande, aber sie muss dabei eine Hypothese machen: Die Hypothese nämlich, dass ursprünglich das Bewusstsein anders war, dass da, wo wir jetzt Einheitlichkeit erleben, ursprünglich wirklich nur zwei lediglich existenzial (durch bloßes

Zusammendasein) zusammenhängende „und -verbundene" Erlebnisse Vorlagen, die dann erst durch Assoziationsbildung ihre Einheitlichkeit erlangt haben. Diese Hypothese ist der Wissenschaft lange Zeit hindurch nicht als solche bewusst geworden, diese Annahme erschien ihr schlechthin selbstverständlich. Und das liegt an dem ersten Grundprinzip dieser ganzen Wissenschaft: der von ihr geforderten Bewusstseins-Analyse, die wir oben besprochen haben. Man zerlegt ja alles Wahrgenommene in lauter einzelne Empfindungen, diese, die Elemente, sind primär, alle Zusammensetzungen sind Entwicklungsprodukte. Es waltet also ein enger Zusammenhang zwischen dem Prinzip der Zerlegung in Elemente und der Verknüpfung durch Assoziation. Lässt sich das Zerlegungsprinzip nicht aufrechterhalten, so ist auch das Assoziationsprinzip hinfällig.

Wir werden daher guttun, auch das Zerlegungsprinzip noch genauer zu betrachten. Alle Wahrnehmung lässt sich in Empfindungen analysieren, die aufgrund von äußeren Reizen auftreten. Es ist eine unvermeidbare Annahme dieser Lehre, eine Annahme, die wieder lange Zeit selbstverständlich erschien, deren hypothetischen Charakter man nicht erkannt hat, dass die Empfindung fest an ihren Reiz geknüpft ist, dass jedem Reiz eine ein für allemal bestimmte Empfindung entspricht. Wir wollen diese Annahme nach dem Vorschlag von Köhler als Konstanzannahme bezeichnen. Diese Annahme lässt sich prüfen, und vom Ausfall dieser Prüfung hängt das Schicksal des ganzen Zerlegungsprinzips und damit auch der Assoziationslehre ab.

Was wir Assoziation genannt haben, ist früher Berührungsassoziation genannt worden. Man unterschied dann noch andere Arten der Assoziation, von denen aber nur die sogenannte Ähnlichkeits-Assoziation eine Rolle gespielt hat. Der Donner fällt uns ja nicht nur ein, wenn wir den Blitz sehen oder an ihn denken, sondern auch, wenn wir etwa einen anderen dumpfen Lärm hören; ein Berg in unserer Heimat wird nicht nur in unserer Vorstellung lebendig, wenn wir an das darauf stehende Kreuz, an den Wald an seinem Fuß, an das lustige Erlebnis bei seiner Besteigung denken, sondern auch wenn wir einen ähnlichen Berg ganz woanders sehen. Man hat daher geschlossen, dass nicht nur existenziell verbundene, sondern auch einander ähnliche Inhalte sich gegenseitig hervorrufen, reproduzieren können. Man nannte das Ähnlichkeits-Assoziation mit einer gewissen Zweideutigkeit des Worts. Denn ein früher geknüpftes Band, das die eine Vorstellung an die andere kettet, soll ja in diesem Fall gerade nicht bestehen. Man hat daher später lieber von Reproduktion durch Ähnlichkeit gesprochen.

Die Ähnlichkeits-Reproduktion wäre dann Reproduktion ohne Assoziation, die neue Vorstellung würde nicht aufgrund eines existenziellen, sondern eines sachlichen Zusammenhangs mit der alten von dieser hervorgerufen. Der Name Ähnlichkeits-Assoziation hat wohl lange darüber hinweggetäuscht, dass hiermit ein ganz neues Prinzip in die psychologische Erklärung eingeführt ist. Aber man hat auch den Versuch gemacht, diese Inkonsequenz zu beseitigen, indem man auch die Fälle scheinbarer Reproduktion durch Ähnlichkeit durch Berührungs-Assoziation erklärte.

2. Die assoziative Erklärung des Denkens. Die Konstellations-Theorie

Das Assoziations-Gesetz gibt nur die allgemeine Regel, nach der aller Denkverlauf zu erklären ist, es muss noch in Kürze gezeigt werden, wie die Vorgänge in Wirklichkeit verlaufen.

Jede Vorstellung ist im Laufe des Lebens mit zahlreichen anderen assoziiert worden, aber nicht mit allen gleich stark. Wir treffen hier den Begriff der Stärke einer Assoziation. Die durch Ebbinghaus begründete experimentelle Untersuchung des Gedächtnisses hat versucht, diesen Begriff exakt, freilich nur statistisch, zu bestimmen. Nehmen wir an, wir hätten zwei Gedichte auswendig gelernt, könnten sie aber beide nicht mehr hersagen. Dann hätten die Assoziationen in beiden eine durchschnittliche Stärke, die nicht mehr zur vollen Reproduktion ausreicht. Dass die Assoziationen noch vorhanden sind, und dass sie im Durchschnitt bei beiden Gedichten verschieden sein können, ergibt sich, wenn wir die Gedichte von Neuem lernen und die Wiederholungen zählen, die wir in jedem Fall dazu brauchen.

Wir werden dann sehen, dass in jedem Fall diese Zahl geringer ist als beim ersten Lernen, und dass sie bei beiden Gedichten sehr verschieden sein kann. Das erste, dass die Wiedererlernung mit einer Ersparnis an Wiederholungen geschieht, zeigt, dass noch „unterwertige" Assoziationen vorhanden waren, das zweite zeigt, dass diese verschieden stark gewesen sind, und zwar um so stärker, je geringer die Zahl der neuen Wiederholungen, je größer mithin die Ersparnis. Man könnte meinen, die durchschnittliche Stärke einer Schar von Assoziationen ließe sich durch die Ersparnis direkt definieren. Das geht aber nicht, weil der Einprägungswert der verschiedenen Wiederholungen nicht gleich ist. Auf diesem Weg, mithilfe der Ersparnismethode, kommt man also nur zur Vergleichung, nicht aber zu einem absoluten Maß. Dies würde zudem im Einzelfall noch nichts nützen, da es nur statistisch definiert, nur für ganze Scharen von Assoziationen gültig wäre. Aber diese Methode zeigt uns, dass man ganz allgemein die Stärke einer Assoziation als Funktion der Wiederholungszahl ansieht. Die „Häufigkeit" einer Vorstellungsverbindung ist denn auch von jeher als ausreichende Bedingung für ihre große Stärke betrachtet worden. Eine andere Methode lässt wenigstens einzelne Assoziationen der Stärke nach miteinander vergleichen, es ist das die von Müller und Pilzecker eingeführte Treffer-Methode. Man prüft bei ihr einen Lernstoff, es handelt sich meist um Reihen von trochäisch gelernten sinnlosen Silben, sodass man der Vp. jeweils die erste Silbe eines Paars vorzeigt (oder zuruft) und sie die zweite nennen lässt. Jede richtig genannte Silbe heißt „Treffer". Man kann nun auch die Zeit messen, die zwischen der Darbietung der Prüfsilbe und dem Aussprechen der Treffersilbe vergeht, die Trefferzeit, und hat in ihr insofern ein Maß der Assoziationsstärke, als unter sonst gleichen Bedingungen der stärkeren Assoziation die geringere Trefferzeit, also die größere Reaktionsgeschwindigkeit entspricht. Ein absolutes Maß gibt auch diese Methode natürlich nicht, und sie ist nur auf die überwertigen Assoziationen, die überhaupt Treffer ergeben, anwendbar, die unterwertigen kann sie gar nicht erreichen.

2. Die assoziative Erklärung des Denkens. Die Konstellations-Theorie

Dieser Exkurs in speziellere Untersuchungen sollte verdeutlichen, wie die alten Begriffe von der modernen Forschung experimenteller Behandlung zugänglich gemacht worden sind. Daraus ist aber auch umgekehrt zu ersehen, dass dem Aufbau und der Auslegung dieser Versuche ganz bestimmte Voraussetzungen zugrunde liegen, eben die der Assoziationslehre.

Kehren wir zu den verschieden starken Assoziationen zurück: Jede Assoziation will eine bestimmte Vorstellung ins Bewusstsein ziehen, sie besitzt eine Reproduktions-Tendenz. In jedem Augenblick ist eine unübersehbare Zahl solcher wirksamer Reproduktionstendenzen vorhanden. Es sind mehrere Vorstellungen gleichzeitig im Bewusstsein, jede ist mit zahlreichen anderen durch Assoziation verknüpft, und auch die von diesen nur „latent" vorhandenen Vorstellungen ausgehenden Reproduktions-Tendenzen bestimmen den Verlauf des psychischen Geschehens. Es gilt als oberstes Gesetz, dass die Vorstellung auftritt, auf die die stärksten Reproduktions-Tendenzen gerichtet sind. Das muss aber nicht die sein, die mit der gerade vorhandenen am stärksten assoziiert ist. Denn alle die genannten Reproduktions-Tendenzen gelangen zur Wirkung, und zwar verstärken sich die gleichgerichteten, während sich die verschieden gerichteten hemmen. Diese Schar von Tendenzen wird noch durch die sogenannten Perseverations[2]-Tendenzen vermehrt, die von den eben im Bewusstsein gewesenen Vorstellungen ausgehen und sie dauernd in „Bereitschaft" halten sollen, sodass sie besonders leicht wieder ansprechen.

Vergessen wir nicht, dass diese ganze Schilderung eine hypothetische, wenn auch noch so konsequent ausgesponnene und auf experimentelle Ergebnisse angewendete Entwicklung des Grundprinzips der Assoziation ist. Denn dies selbst war ja hypothetisch. An dieser Darstellung können wir ein charakteristisches Merkmal der ganzen Theorie erkennen: Das Getriebe der in jedem Augenblick wirksamen Reproduktions-Tendenzen ist ein Chaos, wir würden erwarten, dass daraus eine völlig sinnlose

---

2 **Perseveration**: Haftenbleiben und/oder Nachwirken psychischer Eindrücke, auch das Haftenbleiben an Vorstellungen bzw. beharrliches Wiederholen von Bewegungen oder Wörtern auch in unpassendem Zusammenhang.

Folge von Vorstellungen hervorgehen müsste, indem gar nicht vorauszusehen ist, welche Reproduktions-Tendenz gerade die stärkste sein wird. Aber dieses Chaos soll ja den Kosmos des geordneten Denkverlaufs erklären. Es muss also noch gezeigt werden, warum unser Denken, unser Vorstellungsverlauf, die Ziele erreicht, die es sich steckt. Die Assoziationslehre bringt das konsequent so zustande, dass sie das Ziel als Zielvorstellung in das Chaos mit hineinwirft, also eine relativ konstante Vorstellung einführt, von der aus, wie von allen anderen Vorstellungen, bestimmte Reproduktions-Tendenzen ausgehen, die nun unter den übrigen eine Auswahl treffen. Man nennt eine solche Theorie des geordneten Denkverlaufs eine „Konstellations-Theorie", aus der Konstellation, der Summe der gerade vorhandenen Reproduktions-Tendenzen, folgt das Produkt, der reale Vorstellungsverlauf.

Dass freilich mit dem Begriff der Ziel- oder Richtungsvorstellung der Rahmen dieser Theorie bereits überschritten ist, zeigt eine einfache Überlegung. Ich suche zu einem Begriff sein Gegenteil. Dann ist die Ziel- oder Richtungsvorstellung die Vorstellung davon, dass der gesuchte Begriff das Gegenteil ist. Was für eine Vorstellung in dem allein für diese Theorie zulässigen Sinn ist das aber? Und wie ist sie mit dem Begriff, den ich schließlich finde, verknüpft? Kraft welcher Assoziationen kann sie die zahlreichen vorhandenen Reproduktions-Tendenzen hemmen oder fördern?

Hier liegt eine Schranke vor, über die die Assoziations-Theorie nicht hinaus kann. Wir können aber nicht von ihr scheiden, ehe wir nicht einen Begriff eingeführt haben, der für das ganze System von fundamentaler Wichtigkeit ist: Den Begriff der Aufmerksamkeit.

3. Die Aufmerksamkeit

Die Wirkung der Zielvorstellung beruhte darauf, dass sie dauernd während des ganzen Prozesses wirksam blieb. Diese Beharrung wird auf die Aufmerksamkeit zurückgeführt. Die Aufmerksamkeit erfasst die Zielvorstellung und hält sie fest.

3. Die Aufmerksamkeit

Der Begriff der Aufmerksamkeit scheint also als ein ganz andersartiger zu den bisher gebrauchten hinzuzukommen. Und in der Tat: Psychologen, denen diese Begriffe ungenügend erscheinen, um das Bewusstseins-Geschehen adäquat darzustellen, haben den Begriff der Aufmerksamkeit als eines besonderen psychischen Faktors hinzugefügt. Es gibt aber auch Versuche, den Begriff der Aufmerksamkeit so zu verwenden, dass er nichts besagt als ein gewisses Verhalten der Inhalte oder der Assoziationen. Jenes ist der Fall, wenn man Aufmerksamkeit mit Klarheit einer Empfindung identifiziert, dieses, wenn man die Tatsache der Aufmerksamkeit, des Heraustretens und Beharrens bestimmter Inhalte auf fördernde und hemmende Tendenzen zurückführt, die von den Empfindungs- und Vorstellungsprozessen ausgelöst werden. Aufmerksamkeit wird dann nur ein kurzer Name, nicht eine besondere Wesenheit.

Was nun die Psychologen, die der Aufmerksamkeit eine besondere Stellung einräumen, unter diesem Begriff genau verstehen, ist nicht ganz klar. So vielseitig dieser Begriff zur Erklärung gebraucht wird, so vieldeutig und unbestimmt ist er auch. Wir werden im Folgenden noch öfter auf solche Erklärungen zu sprechen kommen, wollen aber jetzt doch schon zwei Beispiele geben. Eins der berühmtesten ist die Erklärung der Klangfarbe, wie sie seit Helmholtz fast allgemein anerkannt war. Die Klangfarbe hängt, das wusste man schon vorher, von der Form der Klangwellen ab. Man kann nun jede periodische Welle als Resultante aus einer Anzahl einfacher pendelförmiger (Sinus-) Schwingungen zusammensetzen, sodass die Partialschwingungen alle ganze Vielfache einer und derselben Grundschwingung sind. Die Mannigfaltigkeit ist dabei eine ungeheure, selbst wenn man nur eine Grundschwingung berücksichtigt; man kann dann nämlich noch zwei Größen, zwei Parameter, variieren, die Amplitude und die Phase der einzelnen Schwingung. Variation der Amplitude umfasst auch Amplitude O, ich kann also etwa auch eine Welle zusammensetzen aus zwei Schwingungen, deren Frequenzen sich verhalten wie 7 : 8, die Amplitude der übrigen Schwingungen von 1 bis 6 und 9 und darüber wäre dann = O.

Auch allein durch die Schwingungen 7 und 8 kann man noch unendlich viele verschiedene Wellen erzielen, wenn man das Verhältnis der zwei Amplituden alle möglichen Werte durchlaufen lässt. Man sieht, bei einer und derselben Grundfrequenz ist die Mannigfaltigkeit möglicher Wellenformen unendlich von hoher Ordnung. Dem entspricht auch eine unbegrenzte Mannigfaltigkeit von Klangfarben: Nicht zwei Instrumente gleicher Bauart klingen dem geübten Ohr absolut gleich, jede Singstimme hat ihr eigenes „Timbre".

Wir können nun auch noch durch Variation der Phasenverhältnisse der einzelnen Schwingungen die Gesamtgestalt der Kurve ändern. Sind zwei Töne a und b gleichphasig, so werden sich ihre Elongationen zunächst summieren, sind sie gegenphasig, so werden sie im Anfang wie plus und minus zusammentreten, die Resultante aus den zwei gleichen Tönen a und b wird also in den zwei Fällen verschieden sein. Dieser Verschiedenheit der Wellenform entspricht nun keine Verschiedenheit der Klangfarbe. Also Klangfarbenverschiedenheiten treten nur da auf, wo die Partialschwingungen, in die sich die betreffenden Klänge zerlegen lassen, sich durch ihre Frequenz oder ihre Amplitude unterscheiden, bloße Phasenverschiedenheit ergibt keine Klangfarben-Differenz. Da nun jede der Partialwellen für sich eine bestimmte Tonempfindung hervorrufen kann, so schloss Helmholtz, dass im Klang tatsächlich alle diese Tonempfindungen vorhanden sind, nur infolge eines Mangels an Aufmerksamkeit nicht voneinander isoliert werden. Klangfarbe ist also etwas nur „Scheinbares", in Wirklichkeit gibt es nur die einzelnen Empfindungen der Partialtöne. Den Beweis dafür sieht man mit Helmholtz in der Tatsache, dass musikalische Menschen in der Lage sind, aus einem Klang mehr oder weniger viele Obertöne entsprechend den in ihm enthaltenen Partialschwingungen herauszuhören. — Ich habe diesen Fall ausführlich erörtert, weil er die Hauptstütze des ganzen Zerlegungsprinzips geworden ist. Wir haben ein bestimmtes Phänomen, die Klangfarbe, und können es zerlegen in eine Anzahl von Empfindungen, die einzelnen Partialtöne, allein durch die Aufmerksamkeit. Dabei ist freilich vorausgesetzt, dass diese Auf-

3. Die Aufmerksamkeit

merksamkeit, auf deren Versagen die Klangfarbe beruhen soll, an den Inhalten selbst nichts ändert, eine Voraussetzung, die nur eine Konsequenz der oben von uns aufgezeigten Konstanzannahme ist.

Diese Seite der Klanganalyse wird uns später aufs Neue beschäftigen. Hier entnehmen wir ihr nur, welchen Gebrauch man von der Aufmerksamkeit macht: Sie wird zur Stützung der Konstanzannahme verwendet, und zwar so, dass die scheinbare Abweichung von der Konstanzannahme — das Auftreten einer Klangfarbe statt einer Summe einzelner Töne — durch einen Mangel an Aufmerksamkeit erklärt wird.

Ein anderes Beispiel sei durch die Figur 1 erläutert.

Sieht man diese Figur an, so gewahrt man nicht vier Striche, sondern zwei Strichpaare oder auch zwei Balken. Die vier objektiv völlig gleichen Linien a_1 a_2 b_1 b_2 sehen keineswegs gleich aus, a_1 und a_2 gehören zusammen, ebenso b_1 und b_2, aber nicht a_2 und b_1. Ferner hat jeder Strich eine Außen- und eine Innenseite, aber a_1 und b_1 haben die Außenseite links, die Innenseite rechts, bei a_2 und b_2 ist es umgekehrt. Schließlich ist aber auch das weiße Feld innerhalb eines Strichpaares anders als zwischen den Strichpaaren, es ist „fester", ja es ist „weißer", während objektiv überall das gleiche Weiß der Buchseite da ist. Wir haben hier also Abweichungen von der Konstanzannahme: Den gleichen Reizen entsprechen recht verschiedene Phänomene. Wieder tritt die Aufmerksamkeit zur Lösung der Schwierigkeit auf. Man sagt: Je zwei nahe beieinanderliegende Striche werden von der Aufmerksamkeit gemeinsam umfasst und bilden dadurch ein einheitliches Ganzes; was wir an den Strichen und am Grund zu beobachten vermeinen, das ist in Wahrheit nur ein bestimmtes Verhalten der Aufmerksamkeit. Da man nun die eben aufgeführten Beschreibungen nicht machen kann, ohne seine Aufmerksamkeit recht energisch der Figur zuzuwenden, so ist hier jedenfalls nicht ein Mangel an Aufmerksamkeit die Ursache der Abweichung von der Konstanzannahme, sondern ein anderes Verhalten, das man etwa als „Kollektivauffassung" bezeichnet hat.

Auch dies Beispiel wird uns später noch weiter beschäftigen. Hier vermerken wir nur: Beiden Fällen ist gemeinsam, dass die Aufmerksamkeit verwendet wird, um Abweichungen von der Konstanzannahme zu erklären, um die Konstanzannahme, der scheinbar die Tatsachen widersprechen, zu retten. Verschieden ist in beiden Fällen nur, wie die Wirkung der Aufmerksamkeit jeweils angesetzt wird.

4. Die affektiven Elemente, die Gefühle

Mit diesem Rüstzeug wollte ein Teil der Forscher das ganze als Intellekt bezeichnete Gebiet mit Einschluss der Sinnlichkeit bearbeiten. Nun besitzt der Mensch aber nicht nur Intellekt, sondern auch Gefühl und Willen. Um auch dieser Seite gerecht zu werden, war die Empfindung nicht genügend. Die Analyse, im oben gekennzeichneten Sinn, fand vielmehr neben den Empfindungen auch andere Elemente, die Gefühle, die durch gewisse Merkmale, über die freilich keine Einigkeit bestand, von den Empfindungen geschieden waren, die aber den gleichen elementaren Charakter besaßen wie sie und sich ihnen zugesellen konnten. Im Allgemeinen nahm man nur zwei solcher Gefühle an: Lust und Unlust. Nun kennen wir aber Begriffe, die nicht auf intellektuelle Operationen zielen und doch viel mehr sind als bloße Lust und Unlust. Es sind das solche Begriffe, wie Zorn, Traurigkeit, Freude, Verstimmtheit u. ä., man hat für sie zusammen den Oberbegriff der Affekte. Es hieß also diese Affekte zu analysieren, und dabei kam heraus: Affekte sind Verläufe von Empfindungen, hauptsächlich visceraler und kinästhetischer, die stark mit Gefühlen untermischt sind. Diese Affekte ließen sich also scheinbar leicht auf die bereits bekannten Elemente reduzieren.

Und ebenso steht es für die extreme Ausgestaltung dieser Theorie mit dem Willen. Wie der zielbewusste Vorstellungsablauf durch die Zielvorstellung dem Rahmen der Assoziationstheorie eingefügt werden sollte, so in ähnlicher Weise jede Willenshandlung. Eine ursprünglich ohne Willen erfolgte Handlung hat zu lustvollem Ende geführt. Die betonte Vorstellung dieses Endes wird nun leicht erregt werden und von sich aus rückwärts die Bewegungsvorstellungen reproduzieren können, die zu ihrem Auftreten geführt haben. Da nun Vorstellungen von Bewegungen stets die Tendenz haben sollen, in Bewegung überzugehen, so soll auf diese einfache Weise die Willenshandlung erklärt sein.

5. Allgemeine Charakteristik des Systems der Assoziationspsychologie

Das System der Psychologie, das so entsteht, ist außerordentlich einfach: Es gibt nur zwei Arten von Elementen, Empfindungen, mit den dazugehörigen Vorstellungen, und Gefühle, und nur eine Art von Verbindungen, die Assoziation. Wenn ich, um dies an noch einem Fall zu erörtern, mich erinnere, dass in einem Buch ein Satz auf einer linken Seite etwas unter der Mitte steht, so liegt das daran, dass sich das Satzbild mit der Vorstellung dieser Stelle assoziiert hat. Nun kommt allerdings noch die Aufmerksamkeit hinzu und verrät, dass die Einfachheit wohl doch zu groß ist.

Dies Gebäude ist nicht aufgrund der schlichten Beobachtung der Bewusstseinstatsachen errichtet worden, sondern hat das Zerlegungsprinzip und die Konstanzannahme zur Voraussetzung. Trotzdem hat es der Forschung wichtige Dienste geleistet, auch da, wo es sich um das Erarbeiten von Bewusstseinstatsachen handelte. Vielleicht weniger durch die Resultate, die schließlich gewonnen worden sind, als durch die Einstellung, die die Forscher den Tatsachen gegenüber eingenommen haben. Da alle geistigen Vorgänge auf assoziativ verknüpfte Vorstellungen und Gefühle zurückgeführt werden mussten, so suchte man stets diese Inhalte auch wirklich aufzuzeigen. Wenn man etwa den Vorgang der Vergleichung erklären wollte, so konstruierte man nicht einen besonderen Vergleichungsprozess, sondern suchte das Empfindungsmaterial während eines solchen Vorgangs möglichst genau zu beschreiben, ein Verfahren, dessen Bedeutung wir erst später voll schätzen werden. Neben diesem

Vorteil hat das System aber auch unheilbare Fehler an sich. Zunächst methodisch: Es scheint rein auf der Erfahrung aufgebaut und ruht dabei letzten Endes auf Voraussetzungen, die ungeprüft aus einer bestimmten Philosophie übernommen sind. Daher kommt es, dass es die Tatsachen sehr verschieden wertet, nur solche voll gelten lässt, die sich ihm einfügen, alle anderen aber umdeutet oder forterklärt. Und sachlich: Es besteht eine unüberbrückbare Kluft zwischen dem sinnlos mechanischen Geschehen, wie es nach dieser Lehre im Bewusstsein abläuft und dem wirklichen sinnvollen Verhalten des Bewusstseins. Und die Gewichtsverteilung erscheint total falsch: Was das Wichtigste ist, die zielstrebige Handlung, begleitet von stärksten Affekten, das wird ein Nebenprodukt einer rein intellektuellen Vorstellungstätigkeit. Hier haben wir den Grund, warum man von der erklärenden die verstehende Psychologie scheiden wollte.

6. Andere Systeme und ihre Prinzipien

Aber auch innerhalb der Kreise, die erklärende Psychologie treiben, hat man diese Mängel klar genug erkannt. Immer hat es Forscher gegeben, die von der Erklärung der Assoziationspsychologie nicht befriedigt waren und die andere Erklärungen versuchten. So verschieden diese ausgefallen sind, eins ist allen diesen Versuchen gemeinsam gewesen: Sie haben die Richtigkeit der assoziationspsychologischen Sätze nicht bestritten, sie haben sie nur für ungenügend gehalten. Sowohl das Zerlegungsprinzip, wie die Konstanzannahme, wie das Assoziationsprinzip sind auch in diese Systeme eingegangen, nur sind sie durch andere Begriffe ergänzt worden. Das gilt von der Apperzeptions-Theorie Wundts, in der vor allem der Wille als eigener Faktor auftritt, wie für die Funktionspsychologie von Stumpf, in der das ganze System der Assoziationspsychologie nur als der eine Teil des Bewusstseins erscheint, dem noch ein ganzes Gebäude von psychischen Funktionen — Bemerken, Zusammenfassen, Urteilen usw. — übergeordnet ist; von der Produktionspsychologie der Grazer, die auf der einen Seite einen besonderen Prozess, die Produktion, auf der anderen besondere „außersinnliche" Vorstellungen, ursprünglich Gestaltqualitäten (v. Ehrenfels) genannt, konstatierten; wie von der Denkpsychologie Külpes und seiner Schule, die zu den assoziativen Reproduktionstendenzen noch die determinierenden, zielstrebigen als richtunggebende Kräfte einführten, und auf die Seite der Erlebnisse neben die Empfindungen und Vorstellungen als anschauliche die unanschaulichen Inhalte, die Gedanken, stellten.

Überall ist das Bestreben merkbar, dem Seelenleben etwas von seiner Fülle, seiner Dynamik, seiner inneren Verbundenheit wiederzugeben, die es durch die Auflösung in das Mosaik von Vorstellungen, und Assoziationen verloren hatte. Aber so stark war die Denkrichtung, die zur Ausbildung der Assoziationspsychologie geführt hatte, dass nicht nur deren Sätze unbezweifelt übernommen wurden, sondern dass man durch bloße Hinzufügung neuer Elemente und neuer wirkender Kräfte den Schaden heilen wollte.

Eins ist sicher, an Einheitlichkeit und Geschlossenheit stehen alle diese Systeme dem der Assoziationspsychologie weit nach, ja in diesem Mangel an Einheitlichkeit hat man ihren Vorzug erblickt. Lindworsky scheidet zwei Arten von Erlebnissen, die eine Klasse umfasst die Empfindungen und Gefühle der alten Psychologie. Sie ist durch Mangel an Sinnhaftigkeit — Indifferenz des Inhalts, wie sich der Verfasser ausdrückt — durch Anschaulichkeit und durch physiologische Bedingtheit ausgezeichnet. Beispiel das komplementäre Nachbild: Starre ich erst ein rotes Quadrat, dann eine graue Fläche an, so sehe ich auf dieser ein grünes Quadrat. Es wäre ebenso sinnvoll, wenn ich statt des grünen ein gelbes oder blaues Quadrat sehen würde, „in dem Rot liegt nichts, was nach dem Inhalt Grün verlangte". Die zweite Klasse umfasst vor allem die Relationserfassung und das Streben. Sie besitzt die entgegengesetzten Merkmale: sinnvoll bzw. nicht-inhaltsindifferent, nicht physiologisch, sondern psychisch bedingt, unanschaulich. Beispiel: Zwei gleiche Bewusstseinsinhalte, etwa zwei gleiche Striche, „verlangen nach der Einsicht der Gleichheit und nur nach ihr". Dies Beispiel wird uns später ausführlich beschäftigen, wir entnehmen ihm jetzt nur, dass zu den Inhalten der ersten Klasse, hier den gleichen Strichen, ein Inhalt der zweiten Klasse, die Gleichheitserfassung, hinzutritt. Die erste

Klasse kann ohne die zweite existieren, ja dies ist nach Ansicht dieses Forschers der Typus tierischen Bewusstseins.

Wir werden an Lindworskys Darstellung noch mehrfach anknüpfen, weil in ihr recht allgemeine und weitverbreitete Anschauungen in eine besonders scharfe und knappe Form gebracht sind und durch Argumente gestützt werden, die zunächst unwiderlegbar erscheinen.

Fragen wir weiter nach den allgemeinen Kennzeichen jener Systeme. Für die konkrete experimentelle Forschung sind sie keineswegs unfruchtbar geblieben, ganz besonders haben die Prinzipien der Grazer und der Würzburger Schule zu zahlreichen Untersuchungen den Anstoß gegeben. Wir rühmten bei der Assoziationspsychologie eine gewisse Einstellung gegenüber den Bewusstseinstatsachen. Es ist von vornherein zu erwarten, dass die genannten Systeme sich in dieser Hinsicht anders verhalten müssen. Da für sie die „höheren" Prozesse nicht in Abfolgen von Bewusstseinselementen auflösbar sind, so wird man nicht so sehr darauf aus sein, das Inhaltliche an solchen Prozessen zu erforschen, wird mehr auf die Vorgangsseite das Gewicht legen. Dadurch geht der Beobachtung etwas verloren, andererseits aber musste die neue Einstellung auch Gewinn bringen. Sie war nicht mehr an die Wertordnung der Phänomene gebunden, die, wie oben dargetan, eine Folge der Assoziationspsychologie war. Sie konnte das Vorhandensein von Phänomenen behaupten, die in keine der Grundklassen passen wollten, und hat das auch zum großen Nutzen der Forschung getan. Die Gestaltqualitäten, die Gedanken und die „unanschaulichen Inhalte" ganz allgemein waren Begriffsbildungen, die sehr viel näher an den wirklichen Bewusstseinstatbestand herankamen als die Bündelauffassung der alten Lehre.

Die Schwierigkeit, über die die Psychologie lange Zeit nicht hinwegkam, bestand darin, dass die neuen Phänomene, sowohl inhaltlicher wie funktionaler Natur, von der anderen Partei geleugnet wurden. Es wären falsche, unter ungünstigen Bedingungen angestellte und mit unzureichenden sprachlichen Mitteln ausgedrückte Beobachtungen, die nur dazu dienten, die mühsam errungene Wissenschaftlichkeit der Psychologie wieder zu rauben. Wie soll man nun eine Entscheidung darüber fällen, ob die Würzburger oder die Göttinger Beobachter besser sind? Die Frage scheint unbeantwortbar, und darin liegt einer der Gründe, die die Verhaltenspsychologen zu ihrer Verbannung des Bewusstseins aus der Psychologie geführt haben. Wir werden später sehen, wie es die psychologische Methodik anstellt, um scheinbar unmögliche Entscheidbarkeiten zu erzielen und damit auch die verschiedenen Beobachtungen zu erklären. Dass dies aber nicht durch bloße Erlebniswahrnehmung geschehen kann, dass dazu das gesamte Verhalten in die Betrachtung einbezogen werden muss, leuchtet schon jetzt ein.

Das System der Assoziationspsychologie und die verwickelteren Systeme sind in der praktischen Anwendung oft gar nicht so verschieden, wie man erwarten möchte. Das liegt natürlich zum Teil daran, dass die Grundsätze der Assoziationspsychologie auch in allen anderen Systemen unangetastet blieben, aber auch daran, dass gewisse Unterscheidungen, die erst in den verwickelteren Systemen ihre rechte Bedeutung besitzen, doch schon im Denken und Forschen der Assoziationspsychologen eine Rolle spielen. Solch immer wiederkehrender Unterschied ist der zwischen niederen und höheren Prozessen, der schließlich bei Lindworsky, wie wir gesehen haben, zu einem klaren Dualismus innerhalb der Psychologie geführt hat.

7. Physiologische Grundlagen

Das Problem des Verhältnisses von Leib und Seele wird in einem anderen Abschnitt dieses Buchs behandelt werden, es ist aber unmöglich, die Entwicklung der psychologischen Forschung zu verstehen, ohne wenigstens ganz kurz auf die Vorstellungen einzugehen, die sich die Psychologen von den körperlichen Vorgängen machten, an die, in welcher Weise immer, die Bewusstseinsvorgänge gebunden sind. Alle diese Ansichten lassen sich durch zwei, in einem merkwürdigen scheinbaren Gegensatz stehende Sätze charakterisieren. Zum ersten Satz:

II. ALLGEMEINE AUFBAUPRINZIPIEN DER HERKÖMMLICHEN PSYCHOLOGIE

Wie das Bewusstsein, so zerfällt das Nervensystem [bzw. Regulationssystem der körperlichen Vorgänge] in Elemente, die in der mannigfaltigsten Weise miteinander verbunden sind. Es gibt Elemente, Rezeptoren, die Erregungen an den Sinnesflächen aufnehmen; es gibt Elemente, Effektoren, die Impulse aussenden und an die ausführenden Organe, Muskeln und Drüsen weiterleiten, und es gibt Elemente, die der Vermittlung zwischen den verschiedenen Elementen dienen, die Rezeptoren mit Rezeptoren, die Effektoren mit Effektoren und die Rezeptoren mit Effektoren verbinden.

Das einfachste System, nach der Ansicht zumal der „Verhaltenspsychologen" das typische System, ist der Reflexbogen[3], bestehend aus einem Rezeptor, einem Vermittler und einem Effektor. Was für Phänomene auftauchen, was für Bewegungen erfolgen, das hängt nach dieser Ansicht einfach davon ab, welche rezeptorischen bzw. effektorischen Elemente in Erregung kommen. Bei der ungeheuren Fülle und Verzweigtheit der Verbindungsbahnen wird eine an einer Stelle gesetzte Erregung nach den verschiedensten Richtungen übergreifen können, und was wirklich geschieht, wird als Resultante der verschiedenen Möglichkeiten gedeutet, gerade so, wie die wirklich ins Bewusstsein steigende Vorstellung der unter der vorhandenen Konstellation stärksten Reproduktionstendenz entsprach.

Man sieht also, dass zwischen dem körperlichen und seelischen Bild ein enger Zusammenhang besteht: jeweils eine Fülle von Elementen, die vielfach in verschieden starker Weise miteinander verbunden sind.

Nun besagt aber der zweite Satz, dass das Bewusstsein und das physiologische Geschehen absolut verschieden, ja völlig unvergleichbar seien. Wenn ich blau sehe, so passiert in einem Ganglienkomplex in meinem Hinterhauptlappen irgendein Vorgang, der mit Blau sachlich überhaupt nichts zu tun hat, an den das Blau nur faktisch gebunden ist. Zwischen den Eigenschaften

---

3   Die kürzeste Verbindung zwischen Rezeptor und Effektor über die Nervenzellen eines bestimmten neuronalen Erregungskreises wird als **Reflexbogen** bezeichnet. Der Begriff ist angelehnt an das Konzept des technischen Regelkreises.

dieses Vorgangs und denen des erlebten Blau besteht ganz und gar keine Ähnlichkeit. Der enge Zusammenhang, der zwischen körperlichem und geistigem Geschehen noch eben zu walten schien, ist also plötzlich verschwunden. Diese Lehre von der Unvergleichbarkeit physiologischer und psychischer Vorgänge steht in engster Verbindung mit dem Gesetz der spezifischen Sinnesenergien, das von Joh. Müller aufgestellt worden ist: Nach ihm antwortet jedes Sinnesorgan auf einen Reiz entweder mit seiner, ihm spezifischen Form der Erregung, oder gar nicht. Der Reiz ist also nur eine Auslösung eines dem Organ eigentümlichen Prozesses. Auch wenn ich mich aufs Auge schlage, sehe ich, habe ich Lichtempfindung, auch wenn ich den Geschmacksnerven (chorda tympani) von der Gegend des äußeren Ohres aus, also ohne irgendeine Substanz in den Mund zu nehmen, elektrisch reize, habe ich Geschmacksempfindungen. Geschmacksempfindung und elektrischer Strom, gesehener Lichtblitz und Schlag auf das Auge haben aber gar nichts miteinander zu tun.

Damit rücken nun Reiz und Empfindung so weit auseinander wie nur möglich: Denn schon der Vorgang im Rezeptor ist ja durch den Reiz nur ausgelöst, dem Reizvorgang aber gänzlich heterogen, der Bewusstseinsvorgang wiederum ist nur zwangsläufig mit dem Rezeptorvorgang verkoppelt, ihm aber ganz unvergleichbar. Aber auch, wo wir im nervösen Geschehen bleiben und etwa den Vorgang verfolgen, wie er sich auf einen Effektor überträgt, gilt das gleiche: Auch der Effektor hat seine ihm eigentümliche Reaktionsweise, der Muskel kontrahiert sich, die Drüse sondert dies oder jenes Sekret ab, dieser Vorgang wird in ihm durch den effektorischen Nerv wieder nur ausgelöst, dessen Erregung seinerseits durch den Rezeptor ausgelöst war. Die Bewegung, die auf einen Reiz hin erfolgt, hat also sachlich mit dem Reiz gar nichts zu tun, ist mit ihm lediglich durch eine Kette von Auslösungsvorgängen verbunden. So entsteht eine große Schwierigkeit, die Zweckmäßigkeit unserer Bewegungen, schon der einfachsten, der Reflexe, zu erklären.

Solche Erklärungen, die zweckentsprechendes, sinnvolles Geschehen auf eine Reihe oder Summe von in sich sinnlosen Geschehensstücken zurückführen, nennt man mechanistische. Und wir sehen jetzt: Gerade die sachliche Unverbundenheit zwischen Reiz und Reaktion und zwischen physiologischem und bewusstem Geschehen ist das Gegenstück assoziativer Erklärung des sinnvollen Denkverlaufs aus sinnlosen Reproduktionstendenzen, sodass doch wieder der Zusammenhang zwischen der körperlichen und seelischen Seite erscheint.

Nun ist diese ganze Grundanschauung, soweit sie mit den Tatsachen des Bewusstseins, zumal des Gedächtnisses, im Zusammenhang steht, schon vor langer Zeit von dem hervorragenden Physiologen v. Kries mit Argumenten angegriffen worden, die von E. Becher weiter ausgebaut, die aber nie widerlegt worden sind. Trotzdem ist sie nicht verschwunden, und zwar aus dem einfachen Grund, weil es keine andere Denkmöglichkeit gab, wenn man nicht die Wirksamkeit eigener psychischer Faktoren annehmen will, wie dies z. B. Becher tut.

III. Psychologie der Wahrnehmung

Der ungeheuere Abstand zwischen dem theoretischen Rüstzeug der Assoziations-Psychologie und der lebendigen Persönlichkeit wird dem Leser nach unserer summarischen und typisierenden Darstellung so groß erscheinen, dass er geneigt sein wird, denen recht zu geben, die einer erklärenden naturwissenschaftlichen Psychologie die Befähigung abstreiten, an die eigentlichen Probleme des Psychischen heranzukommen. Oder er wird mindestens, ähnlich wie Lindworsky, innerhalb der Psychologie zwei Gebiete absondern, ein niederes, in dem die naturwissenschaftliche Psychologie erklären kann, ein höheres, das nur so zu erklären, wie es zu verstehen ist.

Der heutige Stand der Wissenschaft befreit uns aber davon, uns mit dieser Alternative abzufinden, die einen unüberbrückbaren Dualismus schon innerhalb des Psychischen fordert, und bei der naturwissenschaftlich erforschbar doch nur das weniger Wesentliche des Psychischen bliebe. Das zielstrebige Handeln der Persönlichkeit würde ganz außerhalb bleiben, und doch sollte gerade unsere Definition der Psychologie als der Lehre vom gesamten Verhalten diese Seite mitumschließen.

Unsere Aufgabe besteht also darin, einen Weg zu finden, der uns aus dieser Lage herausführt, eine Methode zu entdecken, die nicht nur für die sogenannten niederen, sondern auch für die höchsten Leistungen des Organismus anwendbar ist, Begriffe zu bilden, die über den Gegensatz von Erklären und Verstehen erhaben sind. Wir spannen unser Ziel weit, aber wir beginnen auf dem Feld, auf dem die naturwissenschaftliche Psychologie ihre Hauptarbeit geleistet hat: bei der Wahrnehmung. Wird doch auch schon innerhalb der Wahrnehmung von Lindworsky die Scheidung vollzogen, die wir überwinden wollen.

1. Der in der Wahrnehmung konstruierte Dualismus der höheren und niederen Prozesse

Wir lernten oben als Beispiel für die eine, die nicht-sinnhafte, inhaltsindifferente Klasse von Erlebnisfolgen den Sukzessivkontrast kennen. Das Nachbild eines roten Quadrats sei faktisch, aber eben auch nur faktisch grün, es wäre ebenso sinnvoll, dem Inhalt rot ebenso sehr oder wenig angepasst, wenn stattdessen das Nachbild gelb oder blau wäre. Was man gegen dies Argument sagen kann, ist vor allem dies, dass das Beispiel aus seinem Zusammenhang gerissen ist. Das Nachbild ist zudem ein für die Wahrnehmung höchst unwichtiges Phänomen, so unwichtig, dass es den meisten Menschen überhaupt nicht bekannt ist, im Allgemeinen nur unter künstlichen Bedingungen auf tritt. Um es in den Zusammenhang der Tatsachen des Farbensehens zu stellen, erinnern wir nur an die Ordnung der Spektralfarben: Der kontinuierlich veränderlichen Wellenlänge der Lichtwellen entspricht das Spektrum von rot über gelb, grün und blau zum violett. Auch dies ist faktisch, nicht aus der Natur der Wellen abzuleiten. Aber ist diese Ordnung auch nur faktisch? Wäre eine andere Ordnung ebenso verständlich, etwa rot, grün, violett, gelb, blau? Die tatsächliche Ordnung unseres Spektrums hat, so sehen wir sofort, ein Merkmal, das die eben genannte Ordnung nicht haben würde: Zwei benachbarte Stellen des Spektrums sind maximal ähnlich, gerade so wie die Wellen, die diese Stellen erregen, maximal ähnlich sind. Das Spektrum, so wie wir es sehen, ist unter unzähligen anderen demnach durch eine inhaltliche Eigenschaft ausgezeichnet, und es liegt nahe, anzunehmen, dass auch die Farbe des Nachbildes durch diese inhaltliche Eigenschaft des Spektrums bestimmt ist. Denken wir nur an Goethes „geforderte Farben", so verliert die Auszeichnung des Sukzessivkontrastes als nicht-sinnhaft viel von ihrer Schärfe.

Wir wenden uns nun zu Lindworskys zweiter Klasse und betrachten sein erstes Hauptbeispiel, die Relationserfassung. Sie ist sinnvoll, denn zwei gleiche Inhalte verlangen nach der „Konstatierung" ihrer Gleichheit. Es „tritt" hier also zu den Inhalten noch etwas „hinzu". „Objektiv" bestehen zwischen ihnen Verhältnisse, z. B. das der Gleichheit, aber diese brauchen nicht „erfasst" zu sein. Es ist vielmehr eine besondere, nur „dem Menschen eignende Fähigkeit", diese objektiv bestehenden Relationen denkend zu erfassen, und zwar unmittelbar aus den Sehdingen selbst. „Bei der Beziehungserkenntnis bringt aber der Geist aus dem Eigenen etwas hinzu." In der Wahrnehmung ist die Relation noch nicht enthalten, denn gleiche Figuren können nach den Versuchen von Grünbaum apperzipiert werden, ohne dass ihre Gleichheit erfasst wird. „Sie tritt als neuer Inhalt hinzu, ohne dass sich das Geringste an den Reizen zu ändern brauchte."

Wir erkennen also klar die Dualität zwischen den reizgebundenen, sinnfremden Empfindungen und den dazutretenden Akten, die sinnvolle Verknüpfungen herstellen, sinnvolle Gebilde erzeugen. Selten ist diese Theorie so scharf dargestellt worden, wohl niemand aber dürfte sie so in ihre letzten Konsequenzen verfolgt haben wie Lindworsky, der ihr zufolge dem tierischen Bewusstsein, dem ja die Relationserfassung fehlen soll, auch die eigentliche Bewegungswahrnehmung abspricht. Diese Konsequenz, die zweifellos aus den Voraussetzungen folgt, wird aber niemand zugeben, der Tiere beobachtet, mit Tieren Versuche gemacht hat.

Es muss also in der Theorie von Lindworsky, wie in allen ähnlichen, ein Fehler stecken. Versuchen wir, ihre Voraussetzungen ans Licht zu ziehen.

2. Die Voraussetzungen dieses Dualismus

a) Die Konstanzannahme

Der Beweis für die Existenz des psychischen Ursprungs der Relationen wird geführt durch die These: Der Eindruck der Gleichheit kann zu zwei schon erfassten, objektiv gleichen Inhalten hinzutreten, ohne dass an den Reizen sich das Geringste ändert. Dieser Satz ist der Ausdruck eines wirklichen Sachverhalts, wenn man unter objektiver Gleichheit nur die Gleichheit der Reize versteht, aber er kann der zu beweisenden Behauptung keine Stütze geben. Erst wenn nicht nur die Reize, sondern auch die Empfindungen selbst unverändert blieben, während der Eindruck der Gleichheit hinzutritt, wäre das Argument stichhaltig. Und dies ist nun zweifellos die Meinung von Lindworsky. Diese Meinung setzt aber eine bestimmte These voraus, die oben (Kap. II, 1, S. 28) eingeführte Konstanzannahme: Über die Sinnesgegebenheiten entscheidet der Reiz. Gilt diese Annahme, dann folgt aus der Konstanz der Reize die Konstanz der Empfindungen. Sie hegt also als Voraussetzung dem dualistischen System zugrunde, ohne dass sie eine besondere Rechtfertigung erhält.

Und doch hat Stumpf schon vor Jahrzehnten gesehen, dass dieser Satz begründet werden muss, und hat im Anfang seiner Tonpsychologie ihn mit einer Reihe scharfsinniger Argumente zu stützen versucht. Aber ein wirklicher Beweis ist prinzipiell für den Satz nicht zu erbringen. Sehr bald versuchte Cornelius eine Psychologie ohne diesen Satz aufzuhauen, und Köhler hat diesen Satz und ein mit ihm aufs Engste zusammenhängendes Geflecht von Hypothesen als schlechthin unbeweisbares Axiom aufgewiesen.

Im Augenblick, in dem die Psychologie diesen Satz radikal ausscheidet, ergeben sich ihr ungeahnte Folgerungen, was wir erkennen werden, wenn wir nun zu Lindworskys Argumenten zurückkehren. Bei unveränderter Reizlage tritt zu einem phänomenalen Gehalt, zu dem etwa auch zwei Figuren gehören, der Eindruck der Gleichheit hinzu. Der kann nach Lindworsky nicht aus den wegen der Konstanzannahme unveränderten Empfindungskomplexen stammen. Wie aber sieht es aus, wenn wir die Konstanzannahme aufgeben: Dann besteht die Möglichkeit, dass die Phänomene selbst eine durchgreifende Änderung erfahren, sodass zunächst „zwei Figuren", nachher „zwei gleiche Figuren" gesehen werden. Es wird dann der Dualismus zwischen den sinnfremden Empfindungen und der Sinn schaffenden Relationserfassung fortfallen, die Phänomene selbst würden eine Wandlung in Richtung auf das Sinnvollere hin erleiden.

b) Die objektiven, nicht erfassten psychischen Relationen

Zwischen den Empfindungen können objektive Relationen bestehen, ohne dass sie erfasst sind. Wir stoßen hier auf die Lehre vom Bemerken und den unbemerkten Inhalten, die, wie Köhler in der erwähnten Schrift gezeigt hat, mit der Konstanzannahme untrennbar verbunden ist. Die Behauptung: zwischen zwei Inhalten, z. B. zwischen zwei schmalen Strichen, die objektiv gleich lang sind, bestehe die Relation der Gleichheit, auch wenn sie nicht erfasst würde, ist wieder in fast aller bisherigen Psychologie und ihrer philosophischen Auswertung versteckt, und sie scheint vollkommen selbstverständlich. Fragen wir aber nach dem Kriterium dieser Behauptung, so kommen wir sofort auf die Konstanzannahme: Es sind eben die objektiven Striche, die Reize, der Länge nach gleich; der Beobachter erlebt also auch zwei objektiv gleiche Strichphänomene, auch wenn er die Gleichheit nicht erfasst. Und dass er nachher die Gleichheit bemerkt, ohne dass eine Änderung der Strichlänge wahrnehmbar wird, das scheint die Konstanzannahme ganz direkt zu bestätigen.

Von diesem Standpunkt aus versteht man die älteren Diskussionen über die sogenannten geometrisch-optischen Täuschungen. Er ruht aber vollkommen auf der Konstanzannahme, denn welche Kriterien habe ich für die Beschaffenheit meiner Phänomene? Gar kein andres als ihr unmittelbares Aussehen. Zwei Phänomene, die mir im Augenblick nicht gleich aussehen — was nicht gleichbedeutend ist mit: verschieden aussehen — sind nach diesen Kriterien jedenfalls nicht als zwei gleiche zu behandeln. Zwar wenn ich versuche, festzustellen, ob die zwei Striche gleich oder verschieden sind, dann werde ich etwa den Eindruck der Gleichheit haben, jetzt liefert mir also das Kriterium des unmittelbaren Aussehens diese Aussage, aber es ist eben doch wieder die Konstanzannahme nötig, um aus diesem Gleicherscheinen jetzt ein objektiv Gleichsein vorhin zu konstruieren. Ohne die Konstanzannahme hat die Behauptung, die zwei Striche, deren Gleichheit ich nicht erfasste, seien als Phänomene gleich gewesen, überhaupt keinen Sinn, es gibt kein Kriterium zu entscheiden, ob sie richtig ist oder nicht.

Wir erkennen jetzt, warum die Konstanzannahme so fest im psychologischen Denken verankert ist. Die Konsequenzen, zu denen ihre Ausschaltung führt, scheinen mit einem systematischen Aufbau der Wissenschaft unvereinbar zu sein. Eine Psychologie, die diese Konsequenzen auf sich nimmt, scheint mit dem gesunden Menschenverstand, ja mit der Logik in Konflikt zu geraten. Ist „nicht-gleich" nicht allenthalben dasselbe wie verschieden? Aber: eine Gleichung ersten Grades ist nicht groß, ist sie darum klein? D. h. der Satz, was nicht gleich ist, ist verschieden, setzt voraus, dass auf die Gegenstände, für die dieser Satz gilt, die Kategorie der Gleichheit angewendet werden kann. Ist das nicht der Fall, dann gilt auch der Satz nicht, wie unser Analogon zeigte. Der Verzicht auf die Konstanzannahme führt also dazu, auch die Anwendbarkeit der in der Dingwelt üblichen Kategorien für die Phänomene in jedem Fall zu überprüfen, denn was hier für Gleichheit gilt, gilt, wie leicht einzusehen, auch für alle anderen Kategorien. Es ist, mit anderen Worten, nicht selbstverständlich, dass die Kategorien der Dinge ohne Weiteres auf die Phänomene zu übertragen sind. Auch dieser Satz ist für den Aufbau der Psychologie von der größten Wichtigkeit.

c) Der Vorgang des Erfassens

Was ist nun schließlich diese Erfassung selbst, die zu den Empfindungen als Leistung des Menschengeistes hinzukommen soll? Eine Beschreibung dieser und aller ähnlichen Akte erhalten wir nicht; nicht ihr Fleisch und Blut, ihre Leistung wird uns angegeben. Man erklärt die Relationserkenntnis durch den Akt der Relationserfassung. „Wenn wir's recht bedenken, müssen wir zugeben, dass uns kein physikalischer Vorgang so verständlich ist wie der Zusammenhang zwischen der Erkenntnis der Fundamente einer Relation und der Auffassung der Relation selbst", schreibt Lindworsky. Hier liegt also ein wahres „Verstehen" vor, und dies Verstehen scheint ihm mehr als das bloße Erklären, das für ihn die Feststellung der regelmäßigen Aufeinanderfolge bedeutet. Aber dies Verstehen scheint mir von einem wissenschaftlichen Verständnis himmelweit entfernt. Ich will das an einem anderen Beispiel klarmachen, das ich schon, mehrfach zu diesem Zweck benutzt habe, an der Theorie der absoluten und der Unterschiedsschwelle. Nicht jeder Reiz, nicht jeder Reizunterschied wird wahrgenommen, beide müssen dazu eine bestimmte minimale Größe haben. Sagt man, ein zu schwacher Reiz führt zu keiner Empfindung, so hat man die absolute Schwelle wirklich erklärt, behauptet man dagegen, zu kleine Unterschiede zwischen zwei Empfindungen müssten notwendig unbemerkt bleiben, so hat man die Tatsache eines Nicht-Wahrnehmens durch die Annahme eines Nicht-Bemerkens doch nur neu festgestellt, aber nicht erklärt. Also: Erkläre ich die Relation durch die Relationserfassung, so habe ich im Grund gar nicht erklärt. Der Schein der Erklärung, der dieser Aussage zukommt, beruht darauf, dass Begriffe wie: Bemerken, Erfassen, Vergleichen, Urteilen u. a. psychische Vorgänge zu fassen scheinen, aus dem einfachen Grunde, weil sie nicht auf Physisches gehen. Man tut aber gut, alle solche Begriffe, die bestenfalls durch die psychologische Untersuchung ihren Inhalt bekommen sollen, aus der Erklärung zunächst ganz fortzulassen, will man nicht unversehens der Gefahr verfallen, die einschläfernde Wirkung des Opiums durch seine einschläfernde Kraft zu erklären.

An drei Stellen stießen wir auf unzulängliche Voraussetzungen der Lindworskyschen Theorie, die für die Psychologie ganz allgemein charakteristisch sind: Sie enthält die Konstanzannahme und den durch diese gesetzten Empfindungsbegriff, sie wendet Kategorien der Dingwelt auf die Phänomene an, ohne dass die Anwendung sich rechtfertigen ließe, sie lässt die Hauptfrage nach dem Wesen der Relation unbeantwortet, indem sie den keineswegs klaren Begriff der Erfassung als Lösung der Schwierigkeit benutzt. Wir fanden also stets das begriffliche Rüstzeug dieser Theorie mangelhaft, müssen daher zeigen, in welcher Weise diese Art der psychologischen Begriffsbildung durch eine andere ersetzt werden kann. Wir haben gesehen, dass die Konstanzannahme allen Übrigen zugrunde lag, und mit ihr der Begriff der Empfindung, der aus dem früher dargestellten

Zerlegungsprinzip stammte. Unsere weiteren Untersuchungen werden also auch für dies Prinzip nicht bedeutungslos sein.

3. Der Simultanvergleich

a) Phänomenologie. Undverbindungen und Gestalten

Um neue Begriffe zu gewinnen, müssen wir zur Beobachtung zurückkehren. Wie ist der Tatbestand zu beschreiben, wenn ich einmal zwei Striche sehe, die objektiv gleich sind, deren Gleichheit ich aber nicht bemerke, und wieder andere, in denen gerade diese Gleichheit im Mittelpunkt der Gegebenheit steht? Ich setze also voraus, es seien in beiden Fällen die objektiv gleichen Striche vorhanden, etwa parallel nebeneinander vertikal stehend. Zunächst beschäftige ich mich vielleicht mit einem komplizierten Muster, das innerhalb der Striche oder sonst wo im Gesichtsfeld vorhanden ist. Fragt man mich, nachdem man das Gesehene verdeckt hat, was ich von den Strichen gesehen habe, so werde ich etwa antworten: Links war ein senkrechter Strich, rechts war auch einer, der eine war nahe am Muster, der andere weiter entfernt usw. Kurz, wenn ich jetzt von zwei Strichen spreche, so meine ich einen und noch einen. Wird mir die Frage vorgelegt, waren die Striche gleichlang, so werde ich nichts darüber aussagen können. Gibt man mir aber nun das Verdeckte frei, so werde ich etwas ganz anderes sehen: Zwei Striche, die die senkrechten Seiten eines Rechtecks sind, und ich werde sofort antworten: Die Striche sind gleichlang. Das heißt: ich sehe jetzt nicht mehr einen Strich und noch einen Strich, sondern eine einheitliche Figur, zu der die zwei Striche als wesentliche Bestandteile gehören. Diese Figur hat aber die Eigenschaft, ein Rechteck zu sein, d. h. von paarweise gleichlangen Strecken begrenzt zu werden. Das Gesehene enthält also die Gleichheit, vorher enthielt es sie nicht, also das Gesehene selbst ist anders geworden. Aus der Fassung eins plus eins ist die Fassung „Paar" geworden, und zwar „symmetrisches", „ausbalanciertes" Paar, oder was für Worte man sonst zur Charakteristik dieses phänomenalen Charakters brauchen will. Allgemein:

3. DER SIMULTANVERGLEICH

Aus einer „Undverbindung" ist eine „einheitliche Gestalt[4]" geworden.

Es gibt nun Bedingungen, unter denen das eine oder das andere Gebilde leichter oder im Extrem allein entstehen kann. Zeichne ich ein wirkliches Rechteck, so ist es normalerweise unmöglich, zwei Seiten nur „undverbunden" zu sehen. Zeichne ich zwei Strecken irgendwie schief zueinander, so kann die Gestaltbildung außerordentlich erschwert werden, zumal wenn noch andere Gegebenheiten vorhanden sind, die die Striche in andere Gestalten hineinzwingen.

Wir sehen also: Schon die Aussage „zwei Striche" ist als Beschreibung des phänomenalen Bestandes mehrdeutig. Sie kann heißen 1 + 1, und sie kann heißen paarige Glieder einer Gestalt.

Unser arithmetischer Begriff zwei ist nun so gebildet, dass dieser Unterschied bedeutungslos ist. Dieser Begriff ist darum zur Beschreibung von Phänomenen nicht brauchbar, er ist auch nicht der ursprüngliche Begriff der Zweiheit, wie uns die vergleichende Psychologie lehrt.

Bedingung für das Erfassen der Gleichheit, allgemein der Relation, ist, dass die zwei Glieder nicht als bloß undverbunden gegeben sind, sondern als Teile in eine Gestalt eingehen. Waren sie vorher gleichsam gegeneinander isoliert, so sind sie jetzt miteinander verbunden, wirken aufeinander ein, beeinflussen sich gegenseitig.

b) Bedingungen für Gestaltung. Das Zusammenfassen

Was man „vergleichen" nennt, dazu gehört aber häufig, dass das Individuum Bedingungen schafft, durch die die fraglichen Gebilde diese Gestaltsbindung eingehen.

Warum sagen wir nicht: Das Individuum muss die zwei Gebilde zusammenfassen? Dieser Sprachgebrauch ist wieder völlig korrekt, wenn er rein äußerlich das Resultat bezeichnen,

---

4 **Gestalt** bezeichnet eine „gegliederte Ganzheit" der Form von Objekten, Prozessen und Systemen oder die Einheit des in der Erfahrung Gegebenen, z. B. die **Einheit der äußeren Form**, des Umrisses oder der Erscheinung. (Def. des Hrsg.)

nicht aber wenn er einen psychischen Vorgang oder gar einen phänomenalen Prozess beschreiben soll. Denn erstens gibt es gestaltete Gebilde, die zwangsmäßig entstehen, und zwar sind uns ständig solche Gebilde gegeben. Zweitens aber ist dieser Ausdruck auch da nicht richtig, wo er die Verwandlung einer Undverbundenheit in eine Gestalt beschreiben will. Denn es ist ja eine Haupteigentümlichkeit dieser Verwandlung, dass ich nicht zwei Striche jetzt zusammen sehe, die ich vorher getrennt gesehen habe, sondern dass ich jetzt zwei Rechteckseiten sehe, wo ich vorher zwei Striche gesehen habe. Das, was ich angeblich zusammenfasse, ist im Produkt der Zusammenfassung gar nicht da, und das, was in diesem Produkt zu sehen ist, war vorher nicht vorhanden.

Man glaube nicht, dass wir hier künstlich Unterschiede schaffen oder aufbauschen. Es liegt ja nahe zu sagen: Rechteckseiten sind doch Striche. Aber ein Strich allein ist phänomenal, und wie wir sehen, werden auch funktional, ein anderes Gebilde als eine Rechteckseite. Diese hat, um nur eins zu nennen, eine Innen- und eine Außenseite, jener dagegen zwei völlig gleichwertige Seiten.

Wir können die Veränderungen der Gebilde, die sie durch Gestaltung erleiden, sehr viel deutlicher machen. Bekannte Beispiele sind die Vexierbilder, bei denen etwa Striche, die zunächst unverbunden nebeneinanderlagen, weil sie Teile irgendwelcher verschiedener Gestalten waren, zum Blattwerk, zum Hausgiebel usw. gehörten, plötzlich zum Gesicht zusammenspringen und dabei ganz anders aussehen. Es ist eine nicht auf Beobachtung, sondern auf der Konstanzannahme begründete Behauptung, dass auch in diesem Fall in der Regel nichts an den Empfindungen geändert würde.

Die Psychologie hat aber die Bedingungen zu erforschen, unter denen Gebilde entweder als Teil-Ganze oder als Ganz-Teile auftreten, um zwei Ausdrücke von Wertheimer zu gebrauchen. Diese Bedingungen können in der Reizlage oder im Individuum selbst gelegen sein. Auf die ersten werden wir später zurückkommen. Wir verweilen jetzt bei den letzten. Wir sahen, der Gestalteindruck kam im Fall der zwei gleichlangen Striche dadurch zustande, dass ich nach der Gleichheit gefragt worden war. Ich selbst war durch diese Frage verändert, stand dem gleichen Reizbestand anders gegenüber, und diese Veränderung meiner selbst, die Tatsache, dass ich jetzt vergleichen wollte, veränderte die Wirkung des Reizbestandes. Nennen wir, um ein bequemes Wort zu haben, den Zustand des Individuums, in dem ein Reizbestand auf ihn wirkt, seine „Einstellung", so sehen wir, dass die Vergleichs-Einstellung das Entstehen von gestalteten Eindrücken begünstigt.

c) Die besondere Form der Verhältniswahrnehmung

Wir gehen vorläufig auf die Natur dieser Einstellungen nicht näher ein, sondern kehren zum Vergleich zurück. Die Entstehung des Rechteckeindrucks, allgemein des Gestalteindrucks, ist noch nicht genügend zur Relationserfassung. Denn wenn ich ein Rechteck sehe, so sehe ich eine regelmäßige geschlossene Figur, ich sehe noch nicht die Gleichheit der zwei vertikalen (und horizontalen) Grenzlinien. Das Vorhandensein einer solchen Gestalt ist noch nicht die Grundlage des Urteils: a = b. Das heißt aber nicht, dass es für dies Urteil eine wahrnehmungsmäßige Grundlage überhaupt nicht gäbe. Suche ich den phänomenalen Bestand, der dem Urteil: „Strecke a und b sind gleichlang" zugrunde liegt, zu beschreiben, so finde ich den Rechteckcharakter wieder, aber etwas verändert, und zwar so, dass jetzt die Seiten a und b die Hauptstücke des Ganzen geworden sind, während die beiden anderen Seiten nur den Übergang zwischen ihnen vermitteln und durch die Art dieses Übergangs (bei Rechtecken parallel, Gleichheit, bei Trapezen nicht parallel, divergent oder konvergent, daher größer bzw. kleiner) das Verhältnis bestimmen. Die dem Relationserlebnis zugrunde liegende Gestalt ist gegenüber der zunächst beschriebenen also dadurch verändert, dass zwei ihrer Teile sich aus dem Ganzen herausheben und sich gegeneinander in einer gewissen Spannung befinden, die durch die „Übergangsteile" ausgeglichen wird.

III. PSYCHOLOGIE DER WAHRNEHMUNG

Wie es Bedingungen für Gestalten überhaupt einerseits und für bloße Undverbindungen andrerseits gibt, so gibt es nun auch wieder Bedingungen für das Entstehen der Relationswahrnehmungen und der Gestalten im engeren Sinn. Und zwar liegt es so, dass noch ganz besondere Zusatzbedingungen erfüllt sein müssen, damit statt der natürlichen Gestalt die Relation entsteht. Auch hier wieder gibt es äußere und innere Bedingungen. Was wir vergleichen nennen, lässt sich jetzt also genauer beschreiben als eine Einstellung, die der speziellen Art der Gestaltung günstig ist, welche wir als Relationserfassung bezeichnen, und die in einer Betonung von zwei Gliedern der Gesamtgestalt besteht. Die Relation ist anschaulich, wahrnehmungsmäßig, weniger glatt, weniger „ruhig" als die Gestalt. Es besteht, wie wir schon sagten, eine gewisse Spannung zwischen den herausgehobenen Gliedern, demzufolge auch der Übergang zwischen ihnen relativ selbstständig geworden ist. Die objektiven Bedingungen allein führen im Allgemeinen zu engeren und daher gleichmäßigeren Gestaltungen, das Gespannte rührt aber daher, dass „gegen den natürlichen Druck" innere Aktivität das Relationsgebilde festhält (Köhler).

Aber auch die objektiven Bedingungen können für die Entstehung des Verhältniseindrucks relativ günstig sein, wenn sie ein Paar von Gestalt-Teilen auf Kosten aller übrigen begünstigen.

Aus diesen Darlegungen sehen wir, dass die Relationen, wo sie wahrgenommen werden, zum Bestand der Wahrnehmung selbst gehören, dass Relationen Wahrnehmungsgegebenheiten besonderer Art sind.

Wir müssen uns hier auf dies eine Beispiel beschränken. An einer anderen Stelle habe ich den gleichen Gedanken für den Simultanvergleich zweier Helligkeiten durchgeführt, ganz ausführlich hat ihn Köhler vor allem für den Sukzessivvergleich entwickelt. Die Begriffe, die wir durch unsere unbefangene Beobachtung gewonnen haben, unterscheiden sich nun grundsätzlich von den Begriffen der üblichen Psychologie und denen Lindworskys und vermeiden die Unklarheiten und schiefen Voraussetzungen, die diesen zukommen.

Anstelle des Begriffs der einzelnen Empfindungen tritt der Begriff der Gestalten im allgemeinen Sinn, in dem er sowohl die Gestalten im engeren Sinn wie die Relationen umschließt. Die Konstanzannahme ist aufgegeben, der unklare Begriff der objektiven, nicht erfassten Relationen zwischen Empfindungen fällt fort, und der Begriff des Erfassungsvorgangs ist durch den im Folgenden noch prägnanter zu machenden der inneren Einstellung ersetzt. Indem wir diese zu den Bedingungen der Gestalten zählten, haben wir den fundamentalen Unterschied der Gestalten und ihrer Bedingungen entwickelt.

4- Die Einstellungen. Gestalten, Gestalt-Prozesse und Dispositionen

Wir werden jetzt versuchen, den Begriff der Einstellung schärfer zu machen und werden dabei auf weitere sehr allgemeine Gesetze stoßen. Wir gehen aus von einem Tatbestand, der der Psychologie große Schwierigkeiten bereitet hat. Bei allen Untersuchungen über Unterschiedsschwellen ergeben sich Fälle, wo falsch geurteilt, wo z. B. die kleinere von zwei Größen für größer erklärt wird. Es ist die erste Leistung der modernen Psychologie gewesen, Methoden zu erfinden, um die Größe solcher Unterschiedsschwellen zu messen, d. h. zu bestimmen, wie groß der Unterschied zweier Reize sein muss, damit ihre Verschiedenheit mindestens in der Hälfte aller Fälle richtig erkannt wird. Den entscheidenden Schritt verdanken wir G. Th. Fechner, der drei solcher Methoden angab, von denen er eine als die Methode der richtigen und falschen Fälle bezeichnete. Diese Methode besteht darin, dass man die Größe, für die man die Unterschiedsschwelle bestimmen will, in einer großen Anzahl von Fällen mit mehreren anderen Größen vergleichen lässt, die teils größer, teils kleiner, teils gleich sind, und aus der Verteilung der bei diesen Vergleichen enthaltenen Urteile einen Schluss auf die Schwelle zieht. In Anlehnung an unser Beispiel wollen wir den Fall des sogenannten Augenmaßes betrachten, d. h. die Frage: Gegeben eine Strecke bestimmter Länge, wie viel größer (kleiner) muss eine andere Strecke sein, damit sie im Durchschnitt eben als größer (kleiner) erkannt wird. Nennen wir die Strecke N, die zum Vergleich gebotenen größeren Strecken A, B, C ..., die kleineren a, b, c ..., also ... < c < b < a < N < A < B < C < ... Es gibt nun für jedes Vergleichspaar N-X und N-x einen bestimmten Prozentsatz von Fällen, in denen größer, kleiner, gleich oder unentschieden geurteilt wird. Wie ist es nun zu erklären, dass wenn N mit a oder auch mit b verglichen wird, in einer durchaus nicht verschwindenden Anzahl das Urteil erfolgt: N kleiner? Ich habe die Antworten, die man dieser Frage bisher gegeben hat, an anderer Stelle kritisch dargestellt und will hier auf die Wiedergabe verzichten. Wir werfen stattdessen gleich die Frage auf: Wie können wir die falschen Urteile erklären? Dazu ziehen wir noch ein anderes Resultat der psychophysischen Versuche heran. In unserem Beispiel seien N und a zum Vergleich gegeben. Das richtige Urteil würde lauten: N > a. Man sollte nun meinen, dass, wenn der Abstand zwischen a und N unterschwellig ist, sehr viele Urteile „gleich" oder „unentschieden" erfolgen, und wenn überhaupt, so doch bedeutend weniger Urteile N < a. Tatsächlich aber finden sich in ausgedehnten Versuchsreihen häufig erstaunlich wenig Gleichheitsurteile, sodass häufiger N < a als N = a geurteilt wird, und es ist möglich, dies Überwiegen der typisch falschen Urteile zu steigern oder abzuschwächen durch die besondere Art der Instruktion, die man der Vp. (Versuchsperson) gibt. Das Urteil, das bei einer bestimmten Reizkonstellation, z. B. N — a, abgegeben wird, erweist sich demnach auch als eine Funktion der Instruktion. Es hat der älteren Psychologie nahegelegen, diesen Tatbestand dadurch zu erklären, dass das Urteil abhängig gedacht wurde, nicht nur von den zwei zu vergleichenden Empfindungen, sondern auch von anderen Faktoren, die rein summativ dazutreten. Das Urteil erscheint dann als ein Naturvorgang, bestimmt erstens durch die zwei Empfindungen, zweitens durch Nebenfaktoren, also als eine Resultante aus Bedingungen, die an sich völlig unabhängig voneinander variieren und aus dem Ausfall der Urteile erschlossen werden können. Der Fehler liegt also am Urteil, nicht am Urteilsmaterial, daher die auch in die Philosophie übergegangene, viel verbreitete Lehre von den Urteilstäuschungen.

Diese Anschauung knüpft das Urteil an den beurteilten Tatbestand, wie etwa die Tafel Schokolade an das ehemals in den Automaten geworfene 10-Pfennig-Stück. Ist der Apparat in Unordnung, so kann es vorkommen, dass statt der Schokolade Bonbons herausfallen: Falsches Urteil. Damit ist nur eins nicht erklärt: die Tatsache nämlich, dass unsere Urteile von ihrem Material aus nicht nur verursacht werden, sondern sich auch auf dies Material beziehen. Nach dieser Anschauung folgt das Urteil blind, sinnlos, auf sein Material; die „zu vergleichenden Empfindungen" und die Nebenfaktoren sind völlig gleichwertig. Mit der eben erörterten Anschauung hat diese Theorie gemeinsam, dass im Empfindungsmaterial nichts vom Sinn liegt, sie unterscheidet sich von ihr dadurch, dass hier auch das Urteil sinnlos bleibt. Sinn wird so überhaupt zu einem Begriff, der in der Psychologie nichts zu suchen hat. Wir haben demgegenüber bereits festgestellt, dass schon das Wahrnehmungsmaterial selbst sinnvoll sein kann. Wir können also das Urteil nicht als sinnlose Resultante mehrerer Faktoren auffassen, sondern werden in ihm jeweils den Ausdruck eines phänomenalen Tatbestands, der Beschaffenheit unserer Gegebenheiten, Erlebnisse, selbst sehen. Wenn also ein falsches Urteil abgegeben wird, so werden wir in den zur Diskussion stehenden Fällen auf ein Relationsphänomen schließen, das verglichen mit dem objektiven Tatbestand „falsch" ist; die Abhängigkeit des Urteils von der Instruktion heißt demnach für uns: Das Relations-Phänomen ist, zumal bei kleinem Reizunterschied, nicht nur von der Reiz-Konstellation, sondern auch von der Instruktion abhängig. Es ist dies nur ein Sonderfall der allgemeinen Abhängigkeit von den inneren Bedingungen. Die Vp., die unter einer bestimmten Instruktion die Darbietung der zwei zu vergleichenden Reize erwartet, ist diesen Reizen gegenüber nicht mehr indifferent, sondern so „eingestellt", dass von den möglichen Reaktionen auf die Reize nicht alle gleichwertig sind; durch die Einstellung sind gewisse Reaktionen bevorzugt, andere benachteiligt, in unserem Fall wäre also die „Rechtecks"gestalt benachteiligt, Trapez-Gestalten bevorzugt. Ehe die Reize wirken, ist aber keine Gestalt vorhanden, wohl aber, so müssen wir schließen, eine Gestaltdisposition, die beim Einwirken der Reize zu einem Gestaltprozess führt. Wir sagten eben, bevor die Reize wirkten, sei noch keine Gestalt gegeben. Trotzdem kann auch die Wirkung der Instruktion phänomenal repräsentiert sein, wir „erwarten" ungleiche Reize, nehmen in Gedanken die Trapez-Gestalt vorweg, es kann diese Vorbereitung aber auch erfolgen, ohne sich im Bewusstsein kundzugeben. Wir werden im ersten Fall annehmen müssen, dass der Gestaltprozess schon eingeleitet ist, dass etwa die Divergenz anklingt, ohne dass die Teile, zwischen denen sie erfolgt, selbst gegeben wären, im zweiten Fall genügt die Annahme der bloßen Disposition, die aber, da es zwischen diesen Fällen kontinuierliche Übergänge gibt, die gleiche Eigenschaft haben muss wie der Gestaltprozess selbst. Das heißt aber: Die phänomenalen Gestalten selbst (Rechteck-Trapez), die Gestaltprozesse und die Gestaltdispositionen gehören aufs Engste zusammen. Die Bildung des ersten Begriffs zieht notwendig die der anderen nach sich. Die wesentlichen Eigenschaften, die wir an den phänomenalen Gestalten beobachtet haben, werden wir den erschlossenen Gestalt-Dispositionen und Prozessen auch zuschreiben. Wir können jetzt das Gesetz aufstellen:

Besteht eine bestimmte Gestalt-Einstellung, so wird ein ihr entsprechendes Gestalt-Phänomen auch dann zustande kommen, wenn die Reizlage im „indifferenten" Individuum ein anderes Phänomen hervorrufen würde.

Aus diesem Satz sind die falschen Urteile zu erklären, wie wir eben gezeigt haben. Der Satz hat aber eine viel breitere Anwendbarkeit und reicht über das Gebiet der Wahrnehmung weit hinaus. Ich gebe ein Scherzrätsel als Beispiel, an dem ich einmal die Wirkungsweise bestimmter „latenter Einstellungen" erläutert habe: A: „Welches ist die leichteste Stadt?" B: „?" A: „Agram. Und warum?" B: „?" A: „Weil sie nur a Gramm wiegt. Nun aber: Welches ist die größte europäische Stadt?" B: „?" A: „London. Und warum? Weil sie die meisten Einwohner hat." — Man sieht, die zweite Frage wäre ohne das Vorausgehen der ersten sofort richtig beantwortet worden. Durch die erste Frage und ihre Beantwortung ist der Gefragte in eine bestimmte, ihm nicht explizite bewusste, latente Einstellung versetzt worden, d. h. von den vielen möglichen Wegen, die von einer Frage zu ihrer Beantwortung führen, ist einer stark bevorzugt (der durch Wortspiel) und wird nun zur Lösung einer Frage benutzt, zu der er ganz ungangbar ist. Die Einstellung bewirkt hier ein Versagen, wie sie im ersten Fall ein falsches Urteil bewirkte.

Aus diesem Beispiel sehen wir aber auch schon, wie solche Einstellungen entstehen: Hier ist einmal eine bestimmte Lösung mit starker Betonung aufgetreten, dies hat zur Folge, dass sie als Lösungs-Disposition nachwirkt. Allgemein: Ist einmal eine bestimmte Gestalt zustande gekommen, so bleibt von ihr eine Disposition zurück, die um so stärker ist, je betonter die ursprüngliche Gestalt war. Diese Betonung kann durch Affekt geschehen, wie in unserm Scherzrätsel, sie kann durch Wiederholung der gleichen Gestalt zustande kommen. Das heißt aber: Es ist möglich, solche Einstellungen in einem Individuum zu erzielen allein durch objektive Einwirkungen; es ist nicht nötig, dem Individuum eine besondere Instruktion zu geben. Auch die Bildung dieser Einstellungen ist nicht willkürlich, sondern erfolgt gesetzmäßig. Einige treffliche Beispiele aus dem Gebiet der Wahrnehmungen enthält Wertheimers Untersuchung über das Sehen von Bewegungen. Auf andere werden wir später zu sprechen kommen.

Die Betrachtung der Entstehung von Einstellungen hat uns insofern über die bloße Wahrnehmung hinausgeführt, als wir hier auf Nachwirkungen früherer Vorgänge auf spätere, d. h. auf Gedächtniswirkungen gestoßen sind. Wir entnehmen dieser Feststellung den Satz:

Auch in sehr einfachen Wahrnehmungen kann schon Gedächtnis stecken. Und zwar dadurch, dass durch Gedächtniswirkungen die Bedingungen verändert werden, von denen der Charakter einer Wahrnehmungs-Gestalt abhängt.

5. Deskriptions- und Funktions-Begriffe. Zur psychologischen Methodik

Wir betrachten die Begriffe: Phänomenale Gestalt, Gestalt-Prozess und Gestalt-Disposition noch unter einem anderen Gesichtspunkt. Wir wollen an ihnen die Methode psychologischer Begriffsbildung studieren. Den Begriff der phänomenalen Gestalt haben wir allein aus der Betrachtung des phänomenalen Tatbestandes selbst gewonnen, mithilfe der Art von Beobachtung also, die wir als Erlebnis-Wahrnehmung oder -Beobachtung bezeichnet haben. Wir haben einfach versucht, unvoreingenommen den Tatbestand zu beschreiben. Dieser Begriff und alle aus der gleichen Quelle stammenden sollen daher Deskriptions-Begriffe heißen. Anders die Begriffe der Gestalt-Dispositionen und -Prozesse. Das Erfahrungsmaterial, das ihrer Bildung zugrunde liegt, entstammt allein der Vorgangsbeobachtung, d. h. der objektiven Feststellung irgendwelcher Ereignisse. Der Begriff ist geprägt, um diese Ereignisse zu erklären. In unserm Fall waren die Ereignisse die Urteile, welche die Vpn. beim Vergleich zweier Größen abgegeben hatten. Zu erklären war die Verteilung der Urteile, ihre Zuordnung zu den objektiven Reiz-Unterschieden. Solche Begriffe, die aus der Vorgangsbeobachtung stammen, habe ich als Funktionsbegriffe bezeichnet.

Es war nun das Eigentümliche der zur Erörterung stehenden Begriffe, dass sie miteinander aufs Engste verwandt waren, dass also Eigenschaften phänomenaler Gebilde als real wirkende Kräfte in den Funktionsbegriffen wiederkehrten.

Ist dieser Zusammenhang zufällig, willkürlich oder notwendig? Werfen wir einen Blick auf das Verhältnis von Funktions- und Deskriptionsbegriffen in der Assoziationspsychologie. Als wichtigsten Deskriptionsbegriff finden wir da den Begriff der Empfindung, als wichtigsten Funktionsbegriff den der reinen Existenzialverknüpfung zwischen Empfindungen, den Begriff der Assoziation (s. S. 26). Wir sehen: Inhaltlich betrachtet haben Deskriptions- und Funktionsbegriffe hier nichts Gemeinsames. Eine elementare, qualitativ-intensive Gegebenheit auf der einen, ein bloßes Band auf der anderen Seite. Der Deskriptionsbegriff hat nichts zur Bildung des Funktionsbegriffs beigetragen. Die Folge ist, dass umgekehrt die Aufstellung der Deskriptionsbegriffe von den Funktionsbegriffen regiert wird. Das hat sich deutlich gezeigt, als von Külpe und seiner Schule, zuerst von Watt und Ach, die Existenz von Bewusstseinsinhalten behauptet wurde, die man bald, im Gegensatz zu den Empfindungen, als „unanschauliche Inhalte", als „Bewusstheiten", „Gedanken" bezeichnete. Dieser Deskriptionsbegriff, der nichts wollte als das tatsächlich Gegebene besser beschreiben, wurde von der Assoziationspsychologie, man möchte sagen: leidenschaftlich, verworfen. Eine Bewusstheit sei nichts anderes als die Vorstellung mit ihren zahllosen, in Bereitschaft stehenden Reproduktionstendenzen. Anders zu beschreiben als durch Angabe solcher einzelnen Vorstellungen (und Empfindungen) sei völlig unwissenschaftlich. Nun ist aber diese „Analyse" der unanschaulichen Inhalte zweifellos keine Deskription mehr. Der Begriff der Reproduktionstendenzen ist nicht Resultat von Erlebnissen, sondern von Vorgangsbeobachtungen. Die Tatsache, dass die Person A unter bestimmten Bedingungen eine bestimmte Leistung vollbringt, etwa sinnlose Silben in der gelernten Reihenfolge wiedergeben kann, führt den Psychologen B zur Aufstellung dieses Begriffs, nicht aber die Erlebnisbeobachtung von A. Wir haben früher (S. 29) die Entstehung des Begriffs der Assoziation und der Reproduktionstendenzen besprochen und können jetzt darauf verweisen. Man hätte also eigentlich nur behaupten dürfen, das Phänomen Bewusstheit käme zustande, wenn eine Vorstellung mit zahlreichen in Bereitschaft gesetzten Reproduktionstendenzen ins Bewusstsein träte; damit hätte man aber die Berechtigung des Begriffs Bewusstheit selbst zugegeben. Der Angriff der Assoziationspsychologie war aber, wie gesagt, viel radikaler. Nun kann man aber eine direkte Beobachtung bestenfalls durch andere direkte Beobachtungen widerlegen. Infolgedessen wurden denn auch die Beschreibungen der Würzburger Psychologen angezweifelt, die Beobachtungen seien falsch, unklar; sobald man unter günstigen Bedingungen beobachte, sobald man genau analysiere, würde man immer wieder Vorstellungen und Empfindungen finden und sonst nichts. Es ist interessant zu sehen, mit welchem Eifer und welcher Ernsthaftigkeit Titchener und seine Schüler diese Behauptung haben erweisen wollen. Dieser Beweis, der auf dem Zerlegungsprinzip aufgebaut ist, setzt aber bereits die Konstanzannahme in einer erweiterten Form voraus, in der sie auch die Vorstellungen umfasst: auch die Vorstellungen sind von der Einstellung des Individuums unabhängig, sie bleiben unverändert, ob sie nun als Glieder im natürlichen Denkverlauf auftreten, oder ob sich eine analysierende Einstellung darauf richtet. Folglich wird das, was der Beobachter als natürlichen Vorgang zu beschreiben beabsichtigt, als Täuschung, als bloßer Schein angesehen. Das heißt: Das Zerlegungsprinzip und die Konstanzannahme sind bestimmend nicht nur für die Begriffe, sondern auch für die Erlebniswahrnehmung selbst. Nur das gilt noch als richtige Erlebniswahrnehmung, was in analytischer Einstellung beobachtet worden ist und sich mithilfe der Empfindungsbegriffe beschreiben lässt. Vor aller Beschreibung steht also schon eine bestimmte Theorie, die daher ihrerseits nicht aus der Beobachtung gewonnen sein kann.

Wir verstehen die Ablehnung unanschaulicher Inhalte durch die Assoziations-Psychologen erst ganz, wenn wir nach den Gründen fragen, die sie zu einer so leidenschaftlichen Stellungnahme führten. Dann aber sehen wir, dass es vor allem die Konsequenzen für die Erklärung waren, die aus den neuen Begriffen zu folgen schienen. Denn mit der Anerkennung dieser Phänomene ging Hand in Hand eine Entthronung der Assoziation. Sie galt nicht mehr als das einzig wirksame Prinzip zur Erklärung des Denkverlaufs, ihr wurden andere, zielstrebige, determinierende Tendenzen an die Seite gestellt. Damit schwand für die Assoziations-Psychologen der feste Boden, auf dem sie ihre exakten Forschungen betrieben hatten. Und darum vor allem konnten sie auch die neuen Deskriptionsbegriffe nicht anerkennen. Denn die Deskriptionsbegriffe Bewusstheit, Gedanke waren mit dem Funktionsbegriff der determinierenden Tendenz eng verwandt, beide Begriffe waren nicht rein existenziell, sondern enthielten das Moment des Sinnvollen, während, wie wir wissen, Empfindung wie Assoziation beide sinnfremd sind.

5. Deskriptions- und Funktions-Begriffe. Zur psychologischen Methodik

Wir sahen vorher, dass diese beiden Begriffe inhaltlich nichts miteinander zu tun haben, jetzt erkennen wir, dass letzten Endes doch eine Verwandtschaft zwischen ihnen besteht: Das gleiche Prinzip, das zu dem einen führt, muss auch zum anderen führen. Zerlege ich das Gegebene in bestimmte einzelne Elementarstücke, dann muss ich diese durch bloße Bänder wieder miteinander verbinden. Und da die Zerlegung auf sinnfremde Elemente führt, so ist es nur natürlich, dass auch das Band auf die sinnloseste Weise erklärt wird, durch die bloße Häufigkeit existenzieller Verbindung.

Damit kehren wir zu unserer Ausgangsfrage zurück: Wir haben jetzt gesehen, dass die Assoziationspsychologie ihre Funktions- und ihre Deskriptionsbegriffe nicht unabhängig voneinander bildete. Dieser Zusammenhang muss also einen letzten sachlichen Grund haben, und er muss ein anderer werden, sobald man die beiden Grundprinzipien: Konstanzannahme und Zerlegungsprinzip aufgibt. Denn nun verschwindet nicht mehr jeder Sinn aus den Phänomenen, es geht also auch nicht an, den sinnvollen Zusammenhang durch sinnfremde Funktionsbegriffe zu erklären.

Indem wir die Funktionsbegriffe in enger Anlehnung an die Deskriptionsbegriffe bildeten, schienen wir sie nun aber mit all der Unsicherheit zu behaften, die nach der weitverbreiteten Ansicht aller rein psychologischen Beobachtung eignet. Der eine, so hört man oft, erlebt dies, der andere jenes. Und sieht man die psychologische Literatur durch, so möchte man manchmal diesen Skeptikern recht geben. Die einen behaupten mit voller Sicherheit die Existenz unanschaulicher Inhalte, die anderen bestreiten sie mit der gleichen Überzeugung. Viele Forscher, um noch ein anderes Beispiel zu geben, behaupten mit Hering die Existenz von vier Hauptfarben, andere wollen nur drei gelten lassen, und da wieder Helmholtz und seine Schüler Rot, Grün und Blau (oder Violett), während Brentano dem Grün den Charakter der einfachen Farbe abstritt und nur Rot, Gelb und Blau als Hauptfarben ansah; Wundt endlich bestritt die Existenz psychologisch ausgezeichneter Farben schlechthin. Alle, außer der Helmholtzgruppe, die die Kompetenz der Erlebniswahrnehmung für diese Fragen leugnet, stützen sich dabei auf die Beobachtung ihrer Phänomene. Wer hat recht? Der Skeptiker meint, das sei eine unentscheidbare Frage, und darum sei gerade die psychologische Beobachtung eine so unsichere Sache. Aber ist dem wirklich so, gibt es wirklich keine Entscheidungsmöglichkeit? Wir stellen eine andere Frage voraus: Warum hat die Frage nach der Existenz und der Zahl der Hauptfarben solche Bedeutung erlangt? Der Einblick in die wissenschaftliche Diskussion zeigt, dass es sich hier keineswegs um bloße Fragen der Klassifikation handelt. Vielmehr hängt die Erklärung des Farbensehens aufs Engste mit den Annahmen über die Hauptfarben zusammen. Auf dem Kampf um die Hauptfarben erhebt sich der Streit über die Heringsche und Helmholtzsche Farbenlehre, welche die Forschung beschäftigte. Nehmen wir an, der Streit wäre im Sinne der helmholtzschen Dreifarbentheorie entschieden, dann würden wir Gelb nicht länger als Hauptfarbe ansehen, oder wir würden unseren Begriff der Hauptfarben stark abändern müssen. Wir würden freilich die Beobachtungen, die Gelb als Hauptfarbe gelten ließen, nicht leugnen, aber wir würden versuchen müssen, sie anders einzuordnen, es könnte die Lehre von vier Hauptfarben nicht mehr ein Fundament der Farben-Psychologie sein. Daraus sehen wir zweierlei: Deskriptionsbegriffe führen zu bestimmten Erklärungshypothesen, also zu bestimmten Funktionsbegriffen, und umgekehrt entscheidet das Schicksal dieser Hypothesen auch über den Wert der Deskriptionsbegriffe. Damit können wir die Skeptiker überwinden: Wir werden unsere Deskriptionsbegriffe funktional weiterdenken, funktionale Folgerungen aus ihnen ziehen und diese prüfen. Haben wir adäquat den phänomenalen Tatbestand beschrieben, einen guten Deskriptionsbegriff gebildet, so wird sich das in der Folge erweisen. Wir betrachten also durchweg einen Deskriptionsbegriff erst dann als gesichert, wenn er sich in funktionalen Tatbeständen bewährt. Dies ist das oberste Prinzip aller psychologischen Methodik.

Um Missverständnisse zu vermeiden, noch ein Wort über die Hauptfarben: Es ist natürlich misslich, wenn ein Deskriptionsbegriff von so komplizierten Tatbeständen abhängt, wie sie in den zwei feindlichen Theorien verarbeitet sind. Man wird daher suchen müssen, andere funktionale Tatbestände heranzuziehen. Dies ist geschehen durch ein sehr einfaches Versuchsprinzip von Köhler, das wir später in anderem Zusammenhang kennenlernen werden, und das auf die Vertauschbarkeit zweier Farben hinausläuft. Wenn für die Entstehung bestimmter Gestalten die Vertauschung von rot-orange durch rot-purpur keine andere Folge hat als die von gelb-orange durch rot-orange, dann ist rot kein ausgezeichneter Punkt der Farbenreihe, dann hat es psychologisch keinen Sinn, von Hauptfarben zu reden. Wenn ja, so ist die Eigenschaft rot und entsprechend gelb, grün und blau als Hauptfarbe erwiesen. Ich will erwähnen, dass in diesem Punkt Hering und nicht Helmholtz recht hat.

6. Das theoretische Problem der Wahrnehmungsgestalten. Komplextheorie und Gestalttheorie

a) Beliebigkeit und „gute" Gestalt

Die Kritik der Lehre von Lindworsky hat uns mit dem Unterschied der gestalteten und der bloß „undverbundenen" Phänomene bekannt gemacht. Das Beispiel, das wir dort erörtert haben, könnte aber noch folgende Deutung nahelegen: Wenn auch im ausgebildeten Bewusstsein Gestalten auftreten, so seien ursprünglich doch die Einzelgebilde da gewesen, erst durch ihre Vereinigung durch Simultanaufmerksamkeit oder eine andere psychische Funktion (Produktion) entstehe das komplexe Gebilde, der Komplex. Auf diesem Boden hat die Theorie der Grazer Schule gestanden. Indem sie ihr Interesse den auf den „sinnlichen Fundamenten" aufgebauten Vorstellungen „außersinnlicher Provenienz" zuwandte, hat sie, vor anderen, systematische Forschungsarbeit über Gestalten und ihre Eigenschaften geleistet. Vor allem verdanken wir der großen Experimentierkunst von Benussi eine Reihe wertvollster Kenntnisse. Des weiteren veröffentlichte auch G. E. Müller seine Komplextheorie, nach der ein Komplex durch Kollektivauffassung der zu einem Komplex zu vereinigenden Glieder entsteht. Mit der Produktionstheorie habe ich mich früher auseinandergesetzt, wir wollen daher jetzt an die Komplextheorie anknüpfen, für die die Einzelinhalte das prius sind gegenüber der Gestalt oder dem Komplex.

Stellt man die Einzelgegebenheiten und die Funktion des Zusammenfassens gegenüber, so ergibt sich: Es ist beliebig, d. h. nur oder doch hauptsächlich von mir und nicht vom Material abhängig, was ich zusammenfasse, mithin welches Gebilde entsteht. Ja diese Beliebigkeit wird von manchen Forschern, letzthin wieder von Wittmann, als besonderer Beweis rein psychischer Faktoren angesehen.

Die Behauptung der Beliebigkeit umfasst aber zwei Unterbehauptungen: 1. Ich kann Beliebiges zusammenfassen; 2. dadurch kann ich beliebige Gebilde herstellen. Dass Nr. 2 nicht richtig ist, dafür hat schon Benussi eine Reihe von Beweisen erbracht, von denen ich einen erwähne: Die Punkte ABC seien so angeordnet, dass die Abstände AB und AC gleich seien. Man kann nun diese Punkte in den verschiedensten Gestalten sehen, z.B. als Ecken eines Dreiecks, als Winkel, mit Scheitel entweder bei A, B oder C, ferner AB als Strecke, C isoliert, AC als Strecke, B isoliert usw. Jedes dieser Gebilde hat ihm innewohnende Eigenschaften. Benussi hat dies dadurch gezeigt, dass er fand: Nie ist phänomenal A B gleich A C, wenn objektiv AB = AC ist. Man muss vielmehr stets die Lage des Punkts B (auf der Geraden AB) verändern, damit der Abstand A C dem Abstand A B gleich erscheint, und das in verschiedenem Ausmaß und verschiedenem Richtungssinn. Durch das Gesamtgebilde ABC ist also bei gleicher objektiver Anordnung der Punkte die Länge der phänomenalen Einzelabstände festgelegt.

Fig. 2

Ein anderes krasses Beispiel ist ein von Wertheimer angegebener Kontrastversuch: Man lege einen etwa 1 cm breiten grauen Ring von ca. 8 cm Durchmesser symmetrisch auf eine halb blaue, halb gelbe Fläche. Dann kann man den Ring als

Ganzes oder als zwei Halbringe sehen — insofern besteht also Beliebigkeit—, aber im ersten Fall sieht er homogen grau aus, im zweiten auf dem gelben Grund dunkel und bläulich, auf dem blauen hell und gelblich. Es ist aber unmöglich, zwei gleiche graue Halbringe zu sehen. Also hier bestimmt das Gebilde seine eigene Farbe.

Dass die erste Form von Beliebigkeit nicht existiert, zeigt tägliche Beobachtung. Vor mir auf dem Schreibtisch stehen ein altes Tintenfass und eine Lampe, beides nach üblicher Theorie Komplexe von Einzelvorstellungen. Aber hier ist es nun nicht mehr beliebig, wie ich diese Komplexe zusammenfassen will, ich kann nicht einen Teil des Tintenfasses mit einem Teil der Lampe zusammen als eines sehen, daneben die Reste der beiden Dinge. Das ist schlechthin unmöglich, gleichviel wie man diese Unmöglichkeit erklären will.

Und diesen Tatsachen hat auch G. E. Müller durch den Begriff der primären Kohärenzfaktoren gerecht werden wollen. Als Kohärenz gegebener Eindrücke bezeichnet G. E. Müller „die Leichtigkeit, mit der sie sich kollektiv auffassen lassen"; Kohärenzfaktoren bestimmen also den Grad dieser Leichtigkeit.

Also jedenfalls: Das Material selbst ist von Einfluss, es ist nicht schlechthin in das Belieben des Subjekts gestellt, was es wahrnehmen kann. Dieser Satz ist nur eine Konsequenz einer Unterscheidung, die wir früher getroffen haben: zwischen den in den Reizen und den im Individuum gelegenen Bedingungen. Beliebigkeit würde verlangen, dass zwar für die einzelnen Stücke die Reizlage als Bedingung zu gelten hat, dass aber für das Gebilde selbst nur die inneren Bedingungen bestimmend sind. Indem wir den Einfluss des Reizmaterials selbst auf die Gestaltbildung konstatierten, fanden wir, dass solche Abgrenzung innerer und äußerer Bedingungen nicht richtig wäre, dass vielmehr das Wahrnehmungsgebilde stets auch von den äußeren Bedingungen bestimmt wird. Je nach der Beschaffenheit dieser ist der Spielraum für die Wirksamkeit der inneren ein größerer oder kleinerer, er kann, wie wir auch schon gesehen haben, sogar praktisch verschwinden: Es gibt „erzwungene Gestalten", und

III. PSYCHOLOGIE DER WAHRNEHMUNG

diese sind sogar in der gewöhnlichen Wahrnehmung die weitaus häufigsten. Aber auch die inneren Bedingungen sind weder selbst beliebig, noch können sie von sich aus beliebige Gebilde erzeugen.

Durch die Leugnung der Beliebigkeit ist die Theorie der Wahrnehmung schon in vielfacher Weise festgelegt. Es bleiben ihr aber noch zwei Möglichkeiten: Man kann entweder den Grund der Gesetzlichkeit in den einzelnen „kollektiv zusammengefassten" Empfindungen oder in spezifischen Eigenschaften der Gestalten selbst erblicken. Im ersten Fall ist auch diese Gesetzlichkeit „kontingent", es ist nun einmal so, dass gerade Einzelgebilde mit bestimmten Eigenschaften sich besonders leicht kollektiv zusammenfassen lassen; ganz anders im zweiten Fall: Das Gebilde, das entsteht, ist an und für sich nicht beliebig, aus seiner Gesetzlichkeit folgt seine innere Gliederung. Die gleichen Tatsachen werden, von beiden Standpunkten aus verwertet, aber in sehr verschiedener Weise:

„Nahe beieinander befindliche Objekte drängen sich leichter in Verbindung miteinander der Aufmerksamkeit auf als durch größere Abstände voneinander getrennte." (G. E. Müller.)

Die Zusammengefasstheit der einzelnen Glieder einer Gestalt resultiert — ceteris paribus — im Sinne des kleinen Abstandes. (Wertheimer.) Ferner: Die erste Anschauung kann nicht mehr tun, als nacheinander die verschiedenen bisher festgestellten „Kohärenzfaktoren" aufzählen, die zweite sieht aber nicht eine Summe ganz verschiedenartiger Wirkungen, sondern in jeder einzelnen den Ausfluss eines sehr allgemeinen Prinzips. Daraus folgt weiter, dass für die erste das Fehlen der Beliebigkeit noch nichts mit Sinnhaftigkeit zu tun hat, während für die zweite gerade dies der wesentliche Punkt ist: Das eben erwähnte allgemeine Prinzip lässt sich, vorläufig, als das Gesetz der „guten Gestalt" ansprechen, es besagt, zunächst noch einigermaßen vage, nur in manchen Fällen schon scharf fassbar, dass jede Gestalt so gut wie möglich wird, d. h., dass sie die unter den speziellen Bedingungen mögliche größte Einfachheit besitzt, und dies wieder, dass Zusammenliegendes auch „zusammengehört", „wenn Teile nicht als irgendwelche an irgendwelchen Stellen im Ganzen stehen, sondern in ihrem Sein und Sosein an dieser ihrer Stelle von einem nicht teilsummativen Strukturprinzip ihres Ganzen gefordert würden". (Wertheimer.) Eben dies aber ist auch das Sinnvolle. Der Weg von unten nach oben, den die Komplextheorie geht, kann nie zum Sinnvollen führen; da wir den Sinn schon in den Wahrnehmungsphänomenen gefunden haben, so ist für uns die Entscheidung vorgezeichnet.

b) Gestalt und Chaos. Die „Bestimmtheit"

Noch ein wichtiger Unterschied zwischen der Komplex- und der Gestalttheorie: „Die Kollektivauffassung einer Anzahl von Gliedern oder Elementen ist im Vergleich zu der singulären Auffassung derselben die höhere, eine stärkere Anspannung erfordernde Leistung." (G. E. Müller.) Genau das Umgekehrte folgt aus der Gestalttheorie: „Elemente zu sehen," Töne statt Melodien, Geräusche statt sinnvoller Worte zu hören, ist enorm schwer, oft völlig unmöglich. Wie muss der Maler „sehen lernen", um etwa die Farbvaleurs eines Gesichts wahrnehmen zu können, und dagegen: Schon um die Mitte des ersten Lebensjahres reagiert ein Kind anders auf freundliche als auf „böse" Gesichter, und zwar so anders, wie es der Verschiedenheit des Gesichtsausdrucks entspricht; und nicht an einfachen Farben hat der junge Säugling Interesse, sondern an menschlichen Gesichtern, wie Miss Shinn schon vom 25. Lebenstage ihrer Nichte an beobachtete. Exponiert man im psychologischen Experiment tachistoskopisch[5], d. h. für sehr kurze Zeit, reichhaltigere Punktkonstellationen, „so zeigt sich sehr deutlich, dass ... typisch zunächst die Verhältnisse im großen ganzen erfasst werden, da sind, dass Unterganze größeren Bereichs sich herausheben, in Unklarheit ihrer Unterteilung, ja die Unterganzen, aus relativ nahen Punkten bestehend, erscheinen oft gar nicht einfach als Konstellationen dieser und dieser Punkte, sondern ihre Gemeinfläche hebt sich heraus —

---

5 Ein **Tachistoskop** ist ein Gerät aus der experimentellen Wahrnehmungspsychologie in einer Zeit vor Einzug der Computertechnik in der Experimentalpsychologie.

ohne Untergliederung zunächst — oft als „im ganzen unregelmäßig gefärbtes dunkleres Gebiet". (Wertheimer.) Diese wenigen Hinweise, die sich auch durch Tatsachen der Pathologie beliebig vermehren ließen, mögen genügen, um die Konsequenz der Komplextheorie zu widerlegen. Nun begründet G. E. Müller die eben zitierte Behauptung durch gewisse Versuche, in denen „Ermüdung und physiologische Störungen die Kollektivauffassung beeinträchtigen, Erschöpfung sie sogar unmöglich machte". In diesen Versuchen handelt es sich aber um Material, das von sich aus den denkbar kleinsten Anlass zur Bildung sinnvoller Gebilde gibt, um sinnlose Silben, und es ist nicht statthaft, dies Resultat auf anderes Material zu verallgemeinern.

Im Gegenteil, je müder, stumpfer, abgespannter man wird, um so schwerer wird es, in der Figur 3 jeweils die Punkte a b, b c, c d als Paare zu sehen, um so zwingender wird nicht etwa eine bloße Undverbundenheit aller einzelnen isolierten Punkte, sondern die von vornherein natürliche Gruppierung a a, b b ... (Wertheimer.)

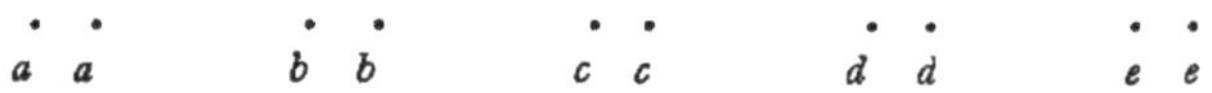

$$\overset{\bullet\ \bullet}{a\ \ a} \qquad \overset{\bullet\ \bullet}{b\ \ b} \qquad \overset{\bullet\ \bullet}{c\ \ c} \qquad \overset{\bullet\ \bullet}{d\ \ d} \qquad \overset{\bullet\ \bullet}{e\ \ e}$$

Fig. 3

Also: Undverbundenheit, Isoliertheit ist keineswegs die natürliche, geringere Leistung, sie ist nicht an den Anfang zu setzen, als Ausgangspunkt anzusehen. Andererseits ist klar, dass auch nicht bis ins letzte klare Gestalten am Anfang stehen können. Die tachistoskopischen Versuche Wertheimers geben uns vielmehr schon einen Hinweis darauf, wie sich niedere Leistungen von höheren unterscheiden, noch deutlicher wird das, wenn wir dem von Müller angegebenen Gesichtspunkt folgen und den Einfluss der Ermüdung auf die Wahrnehmung studieren. Greifen wir auf Figur 3 zurück und denken wir sie uns nach oben und unten fortgesetzt, etwa als Fliesenmuster. Im Zustand großer Abgespanntheit werden wir dann gewiss keine klaren Figuren sehen, aber noch weniger lauter einzelne Punkte, sondern wir werden ein Gebilde sehen, das sich am besten als Wirrwarr bezeichnen lässt; aus ihm mögen bald hier, bald dort

6. Das theoretische Problem der Wahrnehmungsgestalten. Komplextheorie und Gestalttheorie

Paare aa, bb herausspringen, der Rest wird stets ein unbestimmtes und unbestimmbares Durcheinander, ein Chaos sein, in dem es „Teile" im wahren Sinne des Wortes überhaupt nicht gibt, das also auch nicht durch „Kollektiv-Auffassung" zu einem Komplex werden kann, da die einzelnen kollektiv aufzufassenden Glieder in diesem Chaos überhaupt nicht vorhanden sind.

Es gibt also noch einen anderen Gegensatz zur Gestalt als den der Undverbindung: das Chaotische. So kommen wir zu drei Grenzbegriffen: dem absoluten Chaos, der reinen Undverbindung und in der Mitte der vollkommenen klaren Gestalt. Diese ist in einfachen künstlichen Fällen zu verwirklichen, die beiden anderen bleiben echte Grenzbegriffe, die nie ganz erreicht werden, das wirklich Gegebene wird stets irgendwo in der Mitte zwischen Gestalt und Chaos oder Gestalt und Undverbindung stehen, oder auch teilweise hier, teilweise dort. Absolutes Chaos wird zur Bewusstlosigkeit; ganz reine Undverbindung ist, bei aller Anstrengung, nicht zu erzielen. Der Weg geht vom mehr Chaotischen zum besser Gestalteten und ein, besonders in Europa ausgebildeter Weg vom einheitlich Gestalteten zur bloßen Undverbindung isolierter, aber nun freilich in sich voll gestalteter Teilganzen. Daraus folgt, dass man nicht Zusammenhänge, wie Dinglichkeit oder Kausalität, aus einzelnen, ursprünglich isolierten Gegebenheiten erklären darf, dass vielmehr ursprünglich die Welt den Menschen in viel festerer und einheitlicherer Weise zusammenhing als uns. Die Erforschung primitiver Geistigkeit hat diese Folgerung nur bestätigt; in zwei umfangreichen und inhaltvollen Werken hat Lévy-Bruhl den Beweis für diese Theorie erbracht. Die Empfindungen, die der Psychologie so lange zugrunde lagen, sind also nicht Ausgangspunkte, sondern Endprodukte einer Entwicklung, letzte Erzeugnisse des Isolierungsprozesses, der die natürlichen Ganzgegebenheiten aufspaltete, Einzelgebilde, dafür in einer Durchgestaltung, die sie als natürliche Glieder des Ausgangsganzen nicht besitzen: Denn die Lehre von den Attributen der Empfindung gilt nur für diese künstlich erzeugten Gebilde, natürlicherweise sind die

III. PSYCHOLOGIE DER WAHRNEHMUNG

„Empfindungen" viel weniger „bestimmt", als es dieser Lehre entspricht.

Die Empfindungen sind Kunstprodukte, aber doch auch nicht willkürlich, sie sind diejenigen letzten Unterganzen, in welche die natürlichen Gestalten durch „analytische Einstellung" zerfallen können.[6]

Unter diesem Gesichtspunkt betrachtet tragen sie also zur Kenntnis der Gestalten bei, und weil es so ist, darum sind auch die Ergebnisse der Empfindungsforschung bei richtiger Verwendung wichtige Bestandteile der Wahrnehmungspsychologie. Die Analyse, die dem Zerlegungsprinzip zugrunde lag (s. o.), lässt also nicht, wie es dem Sinn dieses Prinzips entsprechen würde, die Gebilde unverändert, sondern stellt sich als ein radikaler, wesentliche Eigenschaften berührender Eingriff dar. Was man für bloßen Wechsel der Aufmerksamkeit, der einzelnen Teilklarheiten bei sonst unverändertem Tatbestand ansah, erweist sich als eine Realteilung mit weittragenden Folgen.

Noch eine weitere Folgerung lässt sich ziehen: Gebilde, die nach dem Chaotischen hin von der klaren Gestalt abweichen, sind nicht „voll bestimmt", die groben Züge sind da, die feine Gliederung fehlt. Diese Eigentümlichkeit, die uns hier schon in der Wahrnehmung entgegentritt, hat philosophisch eine große Rolle gespielt bei dem Problem der sog. Allgemeinvorstellungen. Seit Locke streitet man sich darüber, wie man sich, nicht ein bestimmtes Ding, Pferd, gleichschenkliges Dreieck usw., sondern ein Ding einer bestimmten Art, also ein Tier, ein Dreieck, schlechthin vorstellt. Diesem Problem gegenüber hat die bisherige Psychologie und psychologische Erkenntnistheorie versagt, weil sie stets von den Teilen ausging und das Ganze aus den Teilen aufbaute. *Alles Wirkliche ist auch vollinhaltlich bestimmt*, also müssen auch sämtliche Teile eines Gebildes, aus denen es ja besteht, vollinhaltlich bestimmt sein, es werden die verschiedenen Teile nur verschieden stark beachtet. Das gilt für

---

6 vgl. auch mit der prozessorientierten Definition von Gefühlsregungen, die von Dawkins aufgestellt wurde: „Gefühlsregungen sind Zustände in denen – wenn auch vorübergehen – alle körperlichen Ressourcen für einen bestimmten Zweck aktiviert sind und in denen sich die Aufmerksamkeit des Geistes ganz speziell auf dieses Ziel richtet" (siehe Sedlacek, K.-D.: *Der Widerhall des Urknalls*; Norderstedt 2012, S. 153 f.)

die Theorie der Wahrnehmungsgebilde, wie für die Allgemeinvorstellungen von Berkeley bis zu G. E. Müller. Von der Gestalttheorie aus ergibt sich eine völlig andere Lösung: Es ist nicht so, dass alles Gegebene bis ins Letzte gegliedert ist, im Gebilde können mehr oder weniger große Gebiete chaotisch geblieben sein, dann sind sie zwar bestimmt, wie alles Wirkliche bestimmt sein muss, aber eben als chaotisch, und nicht als lauter individuelle Teile. Der Fehler der alten Betrachtung liegt in einer Anwendung eines für die Dinge maßgebenden Prinzips auf die Phänomene. Ein Kristall als Ding gehört stets in eine der bestehenden Kristallklassen, als Wahrnehmungsphänomen dagegen kann es sehr wohl lediglich als „regelmäßiger Körper" erscheinen, ohne dass auch nur über die Zahl seiner Ecken das Mindeste gegeben wäre.

7. Die Erforschung der Gestalten

Damit ist ein fester Ausgangspunkt für empirische Forschung gewonnen, für eine Forschung, die ihrerseits zu zeigen hat, ob diese Basis die richtige ist. Fassen wir, in Wertheimers Worten, kurz zusammen:

> „Das Gegebene ist an sich in verschiedenem Grade „gestaltet". Gegeben sind mehr oder weniger durchstrukturierte, mehr oder weniger bestimmte Ganze und Ganzprozesse, mit vielfach sehr konkreten Ganzeigenschaften, mit inneren Gesetzlichkeiten, charakteristischen Ganztendenzen, mit Ganzbedingtheiten für ihre Teile."

Wir wissen, dass für die Psychologie jede deskriptive Aussage funktionale Folgen hat, an denen sie sich bewähren muss. Und wir haben bereits in den letzten Abschnitten mehrfach auf solche funktionalen Tatbestände zurückgegriffen. Wir wollen noch einige weitere Tatsachen betrachten und dabei uns zugleich mit der Methodik vertraut machen. Man wird die Gestaltung da am besten erweisen, wo die phänomenalen Gebilde anders aussehen, als es der Konstanzannahme entsprechen müsste. Es heißt also Bedingungen schaffen, unter denen die phänomenale Gestalt stark, und wenn möglich messbar, von der Reizkonfiguration abweicht. Das ist dadurch besonders leicht möglich, dass wir ja künstlich Reize summativ zusammensetzen können, ich kann auf ein weißes Blatt beliebig viele beliebig angeordnete Punkte malen und sie einer Vp. zur Betrachtung vorlegen. Der Reiz ist dann sicher eine bloße Undverbindung von Punkten, die geometrisch zu bestimmen ist. Was aber sieht der Beobachter? Der Reiz ist als ein die Gestaltentstehung beeinflussender Bedingungskomplex anzusetzen. Er ist beliebig zu variieren, man kann ihn so wählen, dass die Punkte entweder a) ungeordnet liegen, oder b) einer einfachen Figur alle oder zum Teil mehr oder weniger nahekommen, oder schließlich c) alle auf einer einfachen Figur liegen.

Unter den Bedingungen a) sieht man nun entweder Chaos oder aus dem Chaos sich lösende einfache Figuren; vergleicht man die Konstellationen a und c gleicher Punktzahl, so kann c vollkommen überschaubar, a vollkommen chaotisch sein, in diesem Fall ist keine Aussage über die Zahl der Punkte möglich, in jenen kann sie eindeutig erfolgen. Von hier aus ergibt sich eine Stellung zum Problem des sog. Umfangs der Aufmerksamkeit (oder des Bewusstseins), der definiert wurde durch die Anzahl einfacher Eindrücke, welche unter günstigen Bedingungen simultan mit Aufmerksamkeit erfasst werden können. Es zeigt sich: der Umfang ist vom Grade der Gestaltetheit abhängig, für bloß Undverbundenes sehr klein, kann er bei guten Gestalten ganz ungeheuer wachsen. Anders ausgedrückt: Je stärker stückhaft das Gebilde wird, um so weniger solche Stücke können noch klare Gebilde ergeben, um so eher sinkt das Gebilde ins Chaos; und umgekehrt: Je weniger stückhaft, um so reicher kann die Gestalt im inneren gegliedert sein.

Experimentieren wir mit Konstellationen b, z. B. elf Punkte liegen auf einer Kreisperipherie, ein zwölfter aber draußen oder drinnen. Liegt er da weit ab, so tritt er nicht in das Gebilde der übrigen, des Kreises, ein, er mag als zweites Gebilde mehr oder weniger summenhaft dazutreten, liegt er nahe, so erscheint er phänomenal nicht als ein Punkt, der seine Stelle ebenso statisch besitzt wie die übrigen elf, sondern als ein „aus der Peripherie verschobener". Geometrisch ist durch die zwölf Punkte natürlich keine Kreislinie bestimmt, wohl aber phänomenal. Oder sämtliche Punkte sind so angeordnet, dass sie völlig unregelmäßig eine relativ einfache Kurve, z. B. eine Sinuslinie, umgeben, ohne dass ein einziger auf ihr liege. Auch dann wird man klar den charakteristischen Sinusverlauf sehen und nicht etwa die Kurve, die entstehen würde, wenn man jeweils zwei benachbarte Punkte durch gerade Strecken verbindet. In beiden Beobachtungen ist das phänomenale Gebilde gegenüber der geometrischen Form der Reizkonstellation in charakteristischer Weise verändert, es erscheinen einfache Gestalten, und die Lage der einzelnen Punkte bestimmt sich in Bezug auf diese, nicht aber bestimmen die Punkte durch ihre Lage die Gestalten. Auf die Versuche, das Entstehen solcher einfachen Gestalten auf Erfahrung zurückzuführen, kommen wir später zurück. — Wir sehen also: Nicht jedes beliebige, geometrisch mögliche Gebilde kann auch phänomenal realisiert werden. Phänomenale Gebilde sind ausgezeichnete Gebilde.

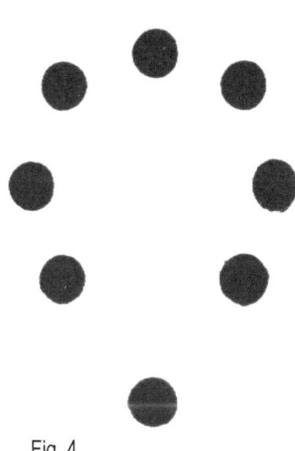

Fig. 4

Wir wenden uns schließlich noch zu Konstellationen c und führen planmäßige Variationen ein: Die Punkte seien auf den Schenkeln eines Winkels angeordnet, der eine Schenkel liege horizontal, der andere werde planmäßig um den Scheitel gedreht (es ändert nichts an dem Ergebnis, wenn man hier statt der Punkte ausgezogene Strecken benutzt). Die Beobachtung, auf die es hier ankommt, ist am leichtesten zu machen in der Gegend von 90°. 75° ist noch lange kein rechter Winkel, aber 85° ist schon einer, wenn auch ein „schlechter". 85° unterscheidet sich qualitativ anders von 75° als 75° etwa von 65°. 85° liegt eben schon in der Zone der Rechten, 75° noch nicht. Phänomenal gibt es also weder Winkel von 85° noch von 95°, sondern stattdessen zu kleine oder zu große Rechte, wie es im Akustischen nicht ein eigenes Intervall gibt, das etwa dem Verhältnis 2:3,1 entspricht, sondern stattdessen: die „etwas reichliche Quinte". Allgemein: Kontinuierlicher Reizvariation entspricht nicht kontinuierliche Variation der Phänomene, diese erfolgt vielmehr in „Prägnanzstufen", von denen wieder bestimmte besondere Auszeichnung besitzen. Alles dies ist nicht zu verstehen, geht man von den Teilen zum Ganzen, wohl aber, wenn die Ganzen selbst ihre Gesetze haben.

Noch eine andere Fragestellung lässt sich mit Konstellationen dieser Gruppe durchführen. „Seien die Reize a b c d e zusammen wirksam; welches sind die Prinzipien dafür, dass etwa bei diesen Reizen, dieser Reizkonstellation, Gegebenheiten typisch in dem zusammen, der Verteiltheit abc/de erscheinen und nicht etwa z.B. ab/cde?" (Wertheimer.) Durch planmäßige Variation von Mustern gelingt es, eine Anzahl von Gesetzen aufzustellen:

1. Gesetz der Nähe (s. o. S. 70);
2. Gesetz der Gleichheit: Die Form ist bevorzugt, in der die gleichen Teile zusammengehörig erscheinen;
3. Gesetz der kurvengerechten Fortsetzung;
4. Gesetz der Geschlossenheit.

Alle sind aber Spezialisierungen des Gesetzes der guten Gestalt. Wir sagten, dass in der Gestalt jeder Teil seinen Platz und seine Eigenschaft als Teil des Ganzen besitzt, d. h. anders ausgedrückt: In der Gestalt tragen sich alle Teile gegenseitig, die Veränderung nur eines Stückes kann nicht ohne Einfluss bleiben auf die ganze Gestalt. Man kann sich davon leicht durch folgenden Versuch überzeugen: Man ordne acht kleine Kreisscheibchen, Durchmesser etwa 1 cm, auf der Peripherie eines Kreises an, entferne eines davon und lasse es etwa auf dem Radius, auf dem es ursprünglich lag, langsam auf die übrigen Punkte zu wandern. Man beobachtet stärkste Veränderung dieses Gebildes. In der Figur 4 ist eine bestimmte Lage gezeichnet, in der das Ganze birnenförmig aussieht. Von diesem Gesichtspunkt aus sind nun alle sog. geometrisch-optischen Täuschungen zu verstehen, überall handelt es sich um gegenseitige Beeinflussung der Figurteile oder um Beeinflussung der Figur durch Eigenschaften des Feldes, in dem sie liegt, wie bei der Zöllnerschen Täuschung. Diese geometrischen Täuschungen lassen quantitative Untersuchungen zu, man kann messen, wie groß die Beeinflussung ist.

Bisher haben wir die Reize als feste, während der Wahrnehmung unveränderlich wirksame Bedingungen angesetzt. Es gibt nun Methoden der Gestaltuntersuchung sehr verschiedener Art, die alle das Gemeinsame haben, dass man die Wirksamkeit der Reize abschwächt, dadurch, dass sie nicht dauernd oder nicht überall gleich feste Bedingungen setzen. Ich erwähne: 1. kurze Exposition, 2. Anstarren, 3. Nachbilder, 4. schwache Intensitäten, 5. blinder Fleck und hemianopische[7] Gesichtsfeldhälfte.

Nr. 1. Die tachistoskopische Darbietung ist uns schon begegnet. Hier liegt ein „Stoßreiz" für die optische Wahrnehmung vor, der Reiz mag schon vorüber sein, wenn die Erregungsausbreitung ihr Endstadium erreicht hat. Jedenfalls überdauert die Wahrnehmung den Reiz ganz beträchtlich. Das hat besonders deutlich Schumann bei tachistoskopischen Leseversuchen gezeigt, indem er einem tachistoskopisch dargebotenen Wort nach variabler Zwischenzeit einen anderen Reiz (helles Licht, Muster, anderes Wort) nachschickte. Für diese Wahrnehmung sind also die Reize nicht mehr feste Bedingungen, sondern nur noch die Stoßerreger. So hat denn auch die tachistoskopische Untersuchung der Gestaltforschung bereits wertvolle Ergebnisse geliefert, a) die ausgezeichneten Gestalten: lange Wörter oder gar eine große Anzahl sinnlos zusammengefügter Buchstaben ergibt bei Momentan-Exposition den Eindruck des Chaos, aus dem bestenfalls einige wenige Stücke herausspringen, oder den eines „grauen Streifens". Einfache Figuren: Kreis, Ellipse, Quadrat, Dreieck werden auch noch bei kürzester Exposition klar erkannt. Weniger einfache, aber doch einheitliche, geschlossene Figuren erscheinen bei kurzer Exposition viel einfacher, symmetrischer, als der Reizlage entspricht. Schon acht Punkte, auf einer Kreisperipherie symmetrisch angeordnet, werden als Kreis gesehen, nicht als Achteck — sechs Punkte dagegen noch als Sechseck. (Bourdon.)

---

7 Als **Hemianopsie** oder **Halbseitenblindheit** wird ein halbseitiger Gesichtsfeldausfall bezeichnet.

III. PSYCHOLOGIE DER WAHRNEHMUNG

Exponiert man zehn kreisförmig angeordnete Punkte, von denen einer aus der Peripherie verschoben ist, tachistoskopisch, so tritt bei kleiner Verschiebung klarer Kreiseindruck ein, bei großer bewegt sich der verschobene Punkt in die Peripherie hinein, bei noch größerer in andere ausgezeichnete Lagen, etwa auf die Sehne von zwei Nachbarpunkten oder ins Zentrum. (Lindemann.)

b) Die Tendenz zur Geschlossenheit: Exponiert man einfache Umrissfiguren, Dreiecke, Ellipsen, von denen nicht zu große Stücke der Umrisse fehlen, sehr kurze Zeit, so treten deutliche Schließungsbewegungen auf, die Figur ergänzt sich selbst.

c) Die Entstehungsbewegungen: Bei kurzer Exposition erscheinen Figuren nicht in Ruhe, sie kommen vielmehr mit Ausdehnung und gehen mit Zusammenziehung. Auch diese Bewegungen hängen von den Gestalteigenschaften ab. Wir erwähnen nur, um früher Behauptetes zu stützen (vgl. S. 35), dass ein „Strich" diese Bewegungen in viel geringerem Ausmaß zeigt, als ein von Strichen begrenztes Rechteck, dass also wirklich funktional ein Strich etwas anderes ist als eine Rechteckseite. Ja, ein und dasselbe Gebilde zeigt die Bewegung relativ stärker oder schwächer, je nachdem, ob sie als „schmales Rechteck" oder als „breiter Strich" erscheint. (Lindemann.)

2. Übermäßig lange Reizwirkung, Anstarren, schwächt gleichfalls die Wirksamkeit der Reizfaktoren, sodass wir auch hier ein Mittel haben, die gestaltenden Faktoren schärfer zu erkennen. Durch Anstarren treten starke Vereinfachungen der Gestalten auf. Ähnlich verhält es sich mit den Nachbildern Nr. 3. Hier liegen Nachwirkungen von Reizen vor, aber diese Nachwirkungen sind nicht mehr unveränderlich, erweisen sich viel beeinflussbarer als die Reizwirkungen selbst, wie H. Frank und Rothschild an schönen Experimenten gezeigt haben. Aber auch hier zeigt sich die Tendenz der Vereinfachung; schon Goethe hat beobachtet, dass Nachbilder eckiger Figuren sich vor dem Verschwinden abrunden. Diese Tendenz zur Einfachheit zeigt sich auch in Nr. 4 der Herabsetzung der Reizintensität. In Nr. 5 endlich experimentiert man so, dass gewisse Teile der Figuren sich

auf dem blinden Fleck bzw. der blinden Hälfte hemianopischer Netzhäute abbilden. Das Gesehene ist dann ganz oder doch überwiegend von den normal abgebildeten Teilen der Figur bestimmt, sofern diese gewisse Einfachheitsbedingungen erfüllen; die „Ausfüllungen" erweisen das Gesetz der kurvengerechten Ergänzung.

Man kann sich in der Forschung noch weiter von phänomenalen Feststellungen entfernen und sich auf rein funktionale richten. Ich will dafür nur zwei Beispiele geben: a) Die Unterschiedsschwelle: Bühler kam auf den Gedanken, die Unterschiedsschwelle eines Elements mit dem einer Gestalteigenschaft zu vergleichen. Als Erstes wählte er die Länge von geraden Strecken, als Zweites den Schlankheitseindruck; er prüfte also einerseits das Augenmaß, als die Unterschiedsempfindlichkeit für Strichlängen, und ließ andererseits verschieden große Rechtecke auf ihre Schlankheit vergleichen. Ist ein Rechteck aus den Elementen, den geraden Seiten, zusammengesetzt, so sollte sich die Schlankheitsschwelle als viel gröber erweisen als das Augenmaß, bei dem es sich lediglich um den Vergleich zweier fast gleich großer einfacher Striche handelt. Seine sehr sorgfältigen Versuche erwiesen für einen gewissen Bereich von Rechtecken das Gegenteil: Schlankheitsunterschiede bei verschiedenen absoluten Größen werden noch besser erkannt als Längenunterschiede gerader Strecken, b) exponiert man zweimal, durch eine kurze Pause getrennt, an derselben Stelle die gleichen Figuren, indem man etwa eine Scheibe mit zwei Löchern vor der Figur rotieren lässt, so sieht man bei langsamer Rotation die Figur zweimal kurz erscheinen und verschwinden; steigert man die Geschwindigkeit, so sieht man nur noch eine Figur, die mehr oder weniger heftig flimmert. Durch noch größere Steigerung erreicht man es, dass die Figur nur einmal einheitlich erscheint. Die niedrigste Geschwindigkeit, bei der dies der Fall ist, wollen wir die kritische Geschwindigkeit nennen. Es zeigt sich nun (Hartmann), dass die kritische Verschmelzungsgeschwindigkeit, von anderen Faktoren abgesehen, eine Funktion der Raumform ist, dergestalt, dass sie mit größerer Einfachheit der Figur abnimmt.

III. PSYCHOLOGIE DER WAHRNEHMUNG

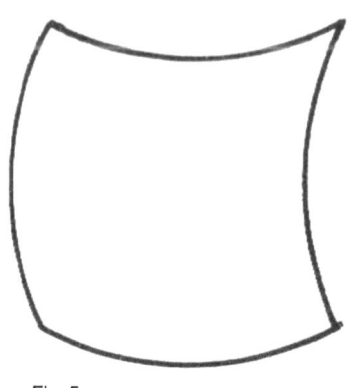

Fig. 5

Ein Kreis erscheint also einheitlich schon bei einer geringeren Geschwindigkeit als eine Ellipse gleichen Flächeninhalts, diese verschmilzt leichter als ein Quadrat, dies wieder leichter als ein gleichseitiges Dreieck usf. Ja, dieselbe Reizfigur kann, wenn sie „mehrdeutig" ist, verschiedene kritische Verschmelzungsgeschwindigkeiten besitzen, so verschmilzt ein Quadrat schwerer, wenn es auf der Spitze steht, als wenn es auf der Seite liegt, so die Figur 5 leichter als krummlinig begrenztes Quadrat denn als „Drache" — sie ist dem Buch von Bühler entnommen.

Da nach dem Vorhergehenden der Kreis als die einfachste Figur zu gelten hat, ist dadurch eine Maßmethode für die Einfachheit von Gestalten gewonnen. Aber auch die Helligkeit, in der die einheitliche Figur erscheint, hängt von der Gestalt ab, und ist nicht durch die Bestimmungsstücke der objektiven Helligkeit, der Expositionszeiten und Zwischenpausen, festgelegt.

Die experimentelle Forschung — wir mussten uns hier auf knappste und spärlichste Andeutungen beschränken — hat also in der Tat funktionale Belege für die Grundbehauptungen der Gestalttheorie erbracht, und sie ist am Werk, in die Gesetze der Gestaltentstehung einzudringen, eine Arbeit, die freilich über das Gebiet des Phänomenalen hinausführt zur Betrachtung der physiologischen Vorgänge. Der Forschung erwächst weiter die Aufgabe, die Verbindung mit der bisherigen sinnespsychologischen und -physiologischen Forschung herzustellen, die ganz anders gerichtet war, der es auf die Elemente ankam, und die nach Möglichkeit Gestalteinflüsse ausschaltete. Es muss aber gezeigt werden, dass keineswegs die bisherigen Untersuchungen auf gestaltfremde Gesetzlichkeiten geführt haben, dass vielmehr ganz bestimmte, im einzelnen näher zu untersuchende Gestaltfaktoren stets beteiligt waren. Das gilt sowohl für die Farben- wie für die Raumlehre. Sowohl die ersten großen raumpsychologischen Untersuchungen von Jaensch wie das Werk von Katz über die Farben, beide nicht vom gestalttheoretischen Grund aus gearbeitet, lassen sich jetzt als Versuche in dieser Richtung auffassen, Versuche, denen wir wertvolle Kenntnisse und vielleicht noch wertvollere Fragestellungen verdanken.

Ein auch erkenntnistheoretisch belangvoller Problemkreis, auf den sich die eben genannten Werke beziehen, bildet das wichtigste Bindeglied zwischen alter und neuer Forschung: die Tatsache der Größen-Form-Farben-Konstanz. Darunter ist Folgendes zu verstehen: Ein sich von uns entfernendes Ding liefert uns zunehmend kleinere Netzhautbilder, seine scheinbare Größe erhält sich aber über ein beträchtliches Ausmaß der Entfernung konstant; eine aus der frontal parallelen Ansicht gedrehte Figur, z. B. ein Kreis, ergibt wieder ein formal geändertes Netzhautbild (im Beispiel eine Ellipse), und doch sieht man noch lange Zeit die „wahre" Form. Mit jeder Beleuchtungsänderung wechselt das von den einzelnen Gegenständen ins Auge geworfene Licht, aber viel weniger verändern sich dabei die Farben, die wir wirklich sehen. Es hat lange Zeit gedauert, bis man die hier vorliegenden Probleme richtig erkannt hat. Immer wieder hat man den letzten Sachverhalt so beschrieben: Bei Lampenlicht wirft ein Tischtuch gar nicht mehr weißes, sondern stark gelbliches Licht ins Auge, wir sind aber so wenig in der Beobachtung geübt, dass wir glauben, die Decke sehe nach wie vor weiß aus. Der Grund dieser Betrachtungsweise ist die Konstanzannahme: Aus der physikalischen Beschaffenheit des Reizes wird auf die Beschaffenheit der „Empfindung" geschlossen. Auf diese Weise erscheint die tatsächliche relative Konstanz der Phänomene als „Täuschung", da ja die Reize sich verändern, während es für die natürliche und die biologisch gerichtete Betrachtung gerade umgekehrt liegt; es wäre eine Täuschung, wenn ich die weiße Tischdecke bei Lampenlicht für gelb, einen am anderen Ende des Zimmers stehenden Menschen für einen Zwerg hielte. Als man das Problem in seiner psychologischen Gestalt sah, da lag wieder sofort eine Theorie des Sachverhalts so nahe, dass sie als selbstverständlich angenommen wurde: die Konstanz beruhe auf dem

III. PSYCHOLOGIE DER WAHRNEHMUNG

Gedächtnis, sei ein Produkt der Erfahrung. Heute wissen wir durch die Untersuchungen von Köhler, dass auch für Schimpansen das größere Ding das größere bleibt, wenn es in so große Entfernung gerückt ist, dass es das kleinere Netzhautbild bewirkt, und dass sogar Hühner ein beschattetes Weiß nicht mit einem belichteten Schwarz, das mehr Licht ins Auge wirft als das Weiß, verwechseln. Die Erfahrungstheorie hat also auszuscheiden. Die Forschung hat die Gesetze dieses Tatsachengebiets im einzelnen studiert. Darauf kann hier nur hingewiesen werden.

Ein wichtiger Tatbestand der Gestaltung beansprucht aber noch genaueres Eingehen, das ist der Unterschied von Figur und Grund, dem zuerst Rubin eine systematische Untersuchung gewidmet hat. Wenn ich die Augen öffne, so ist mein gesamtes Gesichtsfeld von Reizen ausgefüllt, aber nicht allen Reizen entsprechen gleichartige Phänomene: Es gibt Dinge, Zwischenraum und Hintergrund. Bäume, die mit weitverzweigten Ästen in den Himmel ragen, und den einfachen dahinter- und darüberliegenden Himmel. Man sehe auf dies Blatt: Man sieht die Zeilen und das ganze gleichförmige weiße Blatt, besser, die Zeilen auf dem gleichförmigen weißen Blatt. Dass hier phänomenal ein radikaler Unterschied vorliegt, macht man sich vielleicht am leichtesten dadurch klar, dass man beachtet: Die Buchstaben sind durch ihre Umrisslinien begrenzt und geformt, nicht aber die Seite. Man betrachte dies E, man sieht drei schwarze horizontale Vorsprünge nach rechts, aber nicht zwei weiße nach links. Das Weiße zwischen den Buchstaben gehört zur ganzen übrigen Seite, zum Grund, nicht zur Figur des Buchstabens. Schon anders ist's bei O, hier gehört das Weiße drinnen unbedingt zum Buchstaben dazu, es ist auch phänomenal anders, lebhafter, als das Weiß des Grundes. Aber auch hier: Der Grund erstreckt sich unter dem ganzen O gleich-

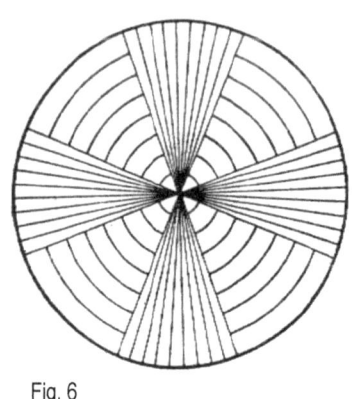

Fig. 6

mäßig fort. Rubin hat nun die phänomenalen Unterschiede von Figur und Grund sehr eingehend erforscht und eine Reihe trefflicher Figuren angegeben, an denen man seine Befunde verifizieren kann, und zwar im Allgemeinen mehrdeutige Figuren, d. h. Figuren, von denen dieselben objektiven Teile bald als Figur, bald als Grund erscheinen können, wie die Figur 6 zeigt. Er findet: Die Figur ist stärker gestaltet als der Grund, sie wird von der Kontur begrenzt, nicht der Grund, sie ist eindringlicher, fester, dinglicher. Der Grund ist einfacher gestaltet oder chaotischer als die Figur. Alle deskriptiven Unterschiede haben sich in experimenteller Forschung funktional bestätigen lassen mit ähnlichen Methoden, wie wir sie oben kennengelernt haben. So verschmilzt, nach den Versuchen von Hartmann, ein Feld leichter, wenn es Grund, als wenn es Figur ist.

Stets, wenn in einem mehrdeutigen Muster aus Grund Figur wird oder aus Figur Grund — das erste in den üblichen Vexierbildern, wo aus dem Grund des Blätterwerks plötzlich eine Figur herausspringt —, geht eine radikale Umwandlung im Wahrnehmungsfeld vor sich, vollzieht sich ein neuer Gestaltprozess. Dieser Begriff erweist sich auch hier wieder anwendbar, mit ihm der der Gestaltdisposition. Rubin stellte nämlich folgende Versuche an: Er zeigte mehreren Vpn. eine große Anzahl von Figuren vor, die in Beziehung auf Figur-Grund-Charakter mehrdeutig waren und legte bei der ersten Darbietung durch die Instruktion eine bestimmte Art der Erscheinungsweise nahe. Bei einer zweiten Darbietung unterblieb jede Instruktion, und doch wurden in der Mehrzahl der Fälle die Figuren gerade so gesehen wie das erste Mal. Rubin nennt das figurale Nachwirkung, sie ist als eine Gestaltdisposition im oben definierten Sinn anzusehen.

8. Gestalt und Aufmerksamkeit

Zur Erläuterung des Unterschieds: Figur—Grund hätten wir auch Figur 1 (S. 35) heranziehen können. Dort gehörten die Zwischenräume a a, b b zur Figur, a b zum Grund. Wir haben aber dort gesehen, dass man den Tatbestand allein mithilfe des Begriffs Aufmerksamkeit bewältigen wollte. Soweit es sich um die Kollektivaufmerksamkeit handelt, können wir auf weitere Erörterung verzichten, da wir die Komplextheorie schon genügend besprochen haben. Man hat aber auch in viel einfacherer Weise den Begriff der Aufmerksamkeit hier benutzt. Beim Umkippen mehrdeutiger Bilder, so sagt man, sinkt das, was wir Figur genannt haben, vom Gipfel der Aufmerksamkeit, der Klarheit, hinunter ins Wellental der Klarheit, und was bisher unten war, unser Grund, steigt nach oben. Dies ist nicht nur eine andere Ausdrucksweise als die unsere, sondern eine radikal andere Denkweise, denn nach dieser Auffassung ändert sich allein die Klarheit, das Verhältnis zur Aufmerksamkeit, alles andere bleibt ungeändert. Das heißt: Man setzt die Konstanzannahme voraus und unterstellt, dass der Grund genau so aussieht wie die Figur, nur eben unklar. Aber, wie Rubin hervorhob, ist ein Feld Grund, so ist die Figur, in der es später erscheinen kann, weder sehr noch wenig klar, sie ist überhaupt nicht klar, weil sie gar nicht vorhanden ist. Nicht um diese Theorie neu zu erörtern, habe ich diese Erklärung hier aufgegriffen, sondern um zu zeigen, wie auch der Begriff der Aufmerksamkeit selbst von der Gestalttheorie aus seine Vieldeutigkeit und Unbestimmtheit verliert, dadurch, dass eine Reihe anderer an seine Stelle treten. Hier also ist der Begriff höherer Aufmerksamkeit durch den der Figur, der der niederen durch den des Grundes ersetzt worden.

Trotzdem bestehen noch Beziehungen zwischen dem, was man allgemein Aufmerksamkeit nennt, und dem Figur-Grund-Charakter. Einmal nämlich erzwingt die Figur unsere Beachtung, nicht der Grund, dem ich erst künstlich die Aufmerksamkeit zuwenden muss, und umgekehrt wird ceteris paribus derjenige Teil eines Feldes, auf den ich die Aufmerksamkeit richte, leicht zur Figur. Man erkennt das schon daran, dass für mehrdeutige Figuren der Grund, wenn man ihn längere Zeit heraushebt, um ihn zu beschreiben, plötzlich von selbst zur Figur wird. Was heißt nun hier Aufmerksamkeit? Sicher nicht Klarheit, wohl aber: Gewicht, Schwerpunkt. In einem Feld liegt das Hauptgewicht auf der Figur, und wenn ich das Hauptgewicht an eine Stelle des Feldes lege, so erscheint dort die Figur. Wie steht es nun mit diesem Gewicht? Ist das, so können wir fragen, eine gestaltfremde Eigenschaft, die Aufmerksamkeit als Gewichtsverteilung, also ein zur Gestalt neu hinzutretender eigener Faktor?

Betrachten wir irgendeine gute Gestalt, noch besser, lassen wir im häufigen Wechsel die zwei Erscheinungsformen einer mehrdeutigen Figur auftreten: Wir merken: Jede Gestalt hat ihr eigenes Zentrum. Man betrachte die Figur 5 (S. 82), das Gewicht liegt beim Quadrat auf der Grundlinie, beim Drachen in der Diagonale. Aber die Gewichtsverteilung, Aufmerksamkeitsverteilung ist zunächst von den Ganzeigenschaften der Gestalt selbst aus bestimmt, zu einer bestimmten Gestalt gehören bestimmte Gewichtsverteilungen. Es erhebt sich so das Problem, ob es typisch, immer wiederkehrende Gewichtsverteilungen gibt, als neues Problem der Aufmerksamkeitsforschung. Aber jedenfalls: Gewichtsverteilung ist nichts Gestaltfremdes. Ich kann doch nun aber willkürlich beliebige Teile beachten. Ist das ein ganz neuer Faktor? Diese Frage beantwortet sich durch unseren Begriff der Gestaltdisposition: Gestaltprozesse können als Gestaltdispositionen Zurückbleiben; da Gewichtsverteilung als Gestaltprozess erkannt ist, so muss es auch für sie Gestaltdispositionen geben.

Aufmerksamkeit im Sinn von Gewichtsverteilung heißt dann: Ich setze aufgrund einer Disposition einen Gestaltprozess in Gang, und zwar einen Gewichtsverteilungsprozess; der wirkt als Bedingungskomplex zusammen mit der Reizkonstellation und bestimmt die entstehende Gestalt. Aber nicht jede beliebige Gewichtsverteilung kann bei gegebener Reizlage von gleichem Einfluss auf die Gestaltung werden, sondern nur solche, die zu einer durch die speziellen Gestaltbedingungen selbst möglichen passen. Andere bleiben ganz oder fast einflusslos. Wir haben also wieder einen konkreten Begriff für die vage Aufmerksamkeit eingesetzt, dadurch verschwindet der Schein, als ob zu anderem als gänzlich Neues die Aufmerksamkeit als Deus ex machina hinzutritt.

Noch eine letzte Anwendung des Begriffs der Aufmerksamkeit bleibt zu erörtern, die für die alte Psychologie wichtigste der analytischen Aufmerksamkeit, die wir oben (S. 32 ff.) ausführlich diskutiert haben am Beispiel der Klanganalyse. Was liegt hier wirklich vor: Wieder hat genaue Beobachtung gezeigt, dass das Fundament der Helmholtzschen Theorie falsch ist. Köhler hatte unmittelbar beobachtet, und Eberhardt hat quantitativ bewiesen, dass die aus einem Klang herausgehörten Teiltöne gar nicht die ihn und seine Klangfarbe ausmachenden Töne sind. Denn was schon gegenüber Helmholtz Seebeck behauptet hatte, die phänomenale Stärke dieser Töne ist viel zu gering im Vergleich mit ihrer physikalischen Intensität. Klanganalyse heißt also nicht, die „Elemente" des Klanges klarlegen, sondern aus dem einheitlichen Klanggebilde, der Klang-Gestalt, künstlich Einzelgebilde herauslösen. Dies gelingt nie ganz, oft nur in verschwindend geringem Grad (die phänomenale Stärke nur 3% des physikalischen, d. h. der herausgehörte Teilton ist so laut wie ein objektiver Vergleichston der gleichen Höhe von nur 3% der physikalischen Teil-Ton-Intensität), und die Klangfarbe als ganze wird von diesem Prozess so gut wie gar nicht verändert.

Aufmerksamkeit ist hier nichts anderes als Bedingung für die Entstehung einer bestimmten Tonhöhe. Aber der Begriff der Aufmerksamkeit, der dem alten Zerlegungsprinzip zugrunde lag, als eine Fähigkeit, die alle Elemente unverändert ließ und nur ihre Klarheit bestimmte, ist nicht zu halten.

9. Wahrnehmung und Gedächtnis. Nativismus und Empirismus. Die Entwicklung der Wahrnehmungen

Wir haben bisher von den Wahrnehmungen gesprochen, ohne auf einen Faktor einzugehen, der für herkömmliche Meinungen oft erst die Wahrnehmungen von den Empfindungen schied: Das Gedächtnis. Dass unsere gesamte Wahrnehmung mit Gedächtnis durchsetzt ist, ist offenkundig. Damit ist aber noch gar nicht gesagt, wie das Gedächtnis in der Wahrnehmung steckt. Freilich vom Boden der Konstanzannahme aus ist auch diese Frage eindeutig zu beantworten. Da derselben Reizkonstellation stets derselbe Empfindungskomplex entsprechen muss, so kann die gedächtnismäßig beeinflusste Wahrnehmung nur so zustande gekommen sein, dass durch Assoziation zu dem Empfindungskomplex ältere Vorstellungen hinzutreten und mit ihm zu einer untrennbaren Einheit verschmelzen. Man nennt das, nach Wundts Vorgang, Assimilation. In dieser Erklärung ist nun alles eine Hypothese, der ursprüngliche Empfindungskomplex ist ebenso wenig aufzuweisen wie die damit assimilierten reproduktiven Elemente, es gibt überhaupt keine Möglichkeit, im gegebenen Gebilde Bestandteile der einen Art von denen der anderen zu trennen. Aber die Erklärung ist, abgesehen davon, auch unzureichend. Das lässt sich am typischen Fall der Assimilation, der sogenannten Illusion, deutlich zeigen: Ich sehe etwa in der Dämmerung einen alten verhutzelten Mann am Weg hocken und merke, als ich näherkomme, dass es ein krummer Baumstamm ist. Hier muss erklärt werden, wie durch das Verschmelzen des vom Baumstamm ausgelösten Empfindungskomplexes mit reproduktiven Elementen, d. h. mit Vorstellungen von alten Männern, die ich früher gesehen habe, gerade dies spezifische Gebilde, das ich eben noch erblickt habe, entstehen kann, dieser Greis, der ganz gewiss mit keinem, an den ich mich irgendwie erinnern kann, die geringste Ähnlichkeit hatte. Allgemein gesagt: Das Gedächtnis in der Wahrnehmung wirkt nicht so, dass ich schon Wahrgenommenes stückhaft wieder wahrnehme, wenn die objektiven Bedingungen verändert sind. Vielmehr so, dass ich Gebilde wahrnehme unter Bedingungen, die von sich allein aus andersartigen Gebilden bestimmt würden, sodass mein Wahrnehmungsgebilde stückhaft keinem einzigen früher erlebten zu gleichen braucht, wohl aber in den charakteristischen Gestalteigenschaften mit solchen früheren übereinstimmt. Diese Formulierung der Wirkung des Gedächtnisses weist uns auf die Erklärung: Infolge meiner Vergangenheit wirkt eine bestimmte Reizkonstellation unter veränderten inneren Bedingungen, das Resultat, das Wahrnehmungsgebilde muss demgemäß verändert sein. Gedächtnis in der Wahrnehmung heißt dann auch nicht: Im einzelnen Wahrnehmungsgebilde stecken Elemente verschiedener Provenienz, empfindungsmäßige und reproduktive, sondern: Die inneren Bedingungen der Wahrnehmung sind durch frühere Wahrnehmungen anders geworden. Es lässt sich auch angeben, was für eine Art von Bedingungssetzung hier vorliegt: Es sind die Gestaltdispositionen, die wir oben kennengelernt haben. Das lässt sich experimentell wieder dadurch beweisen, dass man Reizkonstellationen, die an sich eine bestimmte Gestaltung hervorrufen, darbietet, aber unter der Nachwirkung typisch anderer Gestaltungen, also, im Sinn unserer früheren Terminologie, in bestimmter Einstellung. Dann erweist sich das Wahrnehmungsphänomen durch die Einstellung bestimmt. Bei der Besprechung der Einstellung haben wir diesen Sachverhalt schon kurz vorweggenommen. Stets wirken äußere und innere Bedingungen zusammen zur Erzeugung eines einheitlichen Gebildes, nicht aber entsteht ein aus verschiedenen Elementen zusammengesetztes Gebilde.

Unter diesem Gesichtspunkt gewinnt der alte Streit zwischen Nativismus und Empirismus ein neues Aussehen, der vor allem die Lehre von der Raumwahrnehmung beherrscht hat. Während der strenge Empirismus die gesamte Raumwahrnehmung — ein nicht so radikaler wenigstens die ganze dritte Dimension — aus der Erfahrung ableiten wollte, sind für den Nativismus mindestens die Grundlagen der Raumwahrnehmung, Lagen, Richtungen angeboren, d. h. aber, wie Empfindungen an die Reize geknüpft. Aber auch der Nativismus billigt den Erfahrungs-Faktoren eine wichtige Rolle in der entwickelten Raumwahrnehmung zu, wobei die Erfahrung durchaus als etwas zum Angeborenen summativ Hinzutretendes gedacht wird. Für unseren Standpunkt sieht das Problem ganz anders aus: Das angeboren sein im Sinn der Reiz-Empfindungs-Verknüpfung wird abgelehnt. Von Anfang an wird auf die Reizkonstellation mit Gestalten reagiert. Diese Gestalten verändern sich im Laufe der Entwicklung. Sie werden weniger und weniger chaotisch und splittern sich oft mehr und mehr auf in Undverbindungen. Jede Gestaltreaktion, auch jede primäre, vom Gedächtnis noch unbeeinflusste, ist bestimmt durch innere und äußere Faktoren. Die inneren Bedingungen sind hier die erblich festgelegten Eigenschaften des Individuums, die äußeren seine Umwelt. Die inneren Bedingungen unterliegen während einer langen Zeit einem Prozess der Reifung, der sie ganz unabhängig von der speziellen Erfahrung verändert. Reaktionen, die zunächst nicht möglich waren, werden plötzlich möglich und bleiben, wenn sie einmal gelungen sind, als Dispositionen im Dauerbesitz des Individuums, die nun alle zukünftigen Reaktionen mitbestimmen. Ich gebe ein Beispiel: Es gibt eine Zeit, wo kleine Kinder gelbe und grüne Farben verwechseln. Keine Erfahrung wird daran etwas ändern. Wenn man dem Kind tausendmal die Farben zeigt, so wird das in diesem Alter — und bei tief stehenden Idioten — nicht den geringsten Effekt haben. Ganz anders zu einer späteren Zeit. Hier kann es, wie die Beobachtung ergeben hat, genügen, einmal ein grünes neben ein gelbes Blatt vor das Kind zu legen, es wird das „ungleiche Farbenpaar" sehen und nun nie wieder oder nur noch unter ungünstigen Bedingungen — z. B. in ermüdetem Zustand — die Verwechselungen begehen. Hätte man die Farben nicht in dieser übersichtlichen Weise dem Kinde gezeigt, so würde es dagegen noch lange die Fehler machen. Man sieht daraus, wie innere und äußere Bedingungen beim Zustandekommen der Erfahrung zusammenwirken und wie bloße Wiederholung nichts ausrichtet. Damit soll die Wirksamkeit der Wiederholung aber nun nicht völlig geleugnet werden. Da das Zustandekommen der fraglichen Leistung von inneren und äußeren Bedingungen abhängt, so ist durch eine Wiederholung der äußeren die Wahrscheinlichkeit größer dafür, dass die schwankenden inneren Bedingungen gerade einmal besonders günstig liegen und die Leistung gelingt. Freilich bleiben solche Leistungen oft nicht dem Individuum erhalten, so erklären sich die vielfach in der Entwicklung kleiner Kinder beobachteten „Antizipationen". Erst wenn die inneren Bedingungen nicht nur ganz ausnahmsweise die Leistung ermöglichen, pflegt eine Gedächtniswirkung zurückzubleiben, frühreife Leistungen pflegen wieder zu verschwinden.

Sobald infolge primärer Gestaltungen Gestaltdispositionen da sind, sind die inneren Bedingungen verändert, und es ist daher möglich, dass jetzt neue Gestaltungen auftreten, die vorher noch nicht erzeugt werden konnten. So wird die Wahrnehmung ständig durch die Erfahrung entwickelt. Nativismus und

Empirismus arbeiten also beide mit einem unzulänglichen Begriff der Erfahrung. Der Empirismus hat insofern recht, als unsere entwickelte Wahrnehmung durch und durch anders ist als unsere primäre; deren primitive Gestalten kann ein entwickeltes Bewusstsein nicht mehr aufbringen. Der Empirismus hat unrecht, wenn er alle Entwicklung auf Erfahrung zurückführt, sehr viele Veränderungen beruhen auf Reifungsvorgängen. Er hat weiter gegenüber dem Nativismus unrecht, wenn er für die Räumlichkeit angeborene Funktionen jeder Art leugnet. Ohne spezifische, in der Erbanlage begründete Eigenschaften des Individuums sind solche Gestaltbildungen nicht möglich.

Dass phylogenetisch Gestaltbildungen schon unterhalb der Säuger vorkommen, hat Köhler durch seine Strukturversuche an Hühnern bewiesen. Wenn die hier vertretene Ansicht richtig ist, **sind freilich auch schon die Reaktionen der Einzeller gestaltet.** Köhler zeigte, dass die sogenannten Wahldressuren, bei denen ein Tier etwa lernt, von einem dunklen Brett Futter zu nehmen, von einem hellen nicht, keineswegs auf Assoziationen zwischen der Einzelempfindung des dunklen mit dem Futternehmen und des hellen mit dem Meiden beruht, sondern dass das **Helligkeits-Paar**, das Zueinander von hell und dunkel, die Helligkeitsstruktur, für diese Leistung maßgebend ist. Auf dieser Methode der Wahldressur beruht auch das Prinzip zur Entscheidung der Frage nach den Urfarben, auf das wir oben (S. 66) hingewiesen haben.

Und doch ist empiristisches Denken so tief eingewurzelt, dass man die oben ausgesprochenen Gestaltgesetze als bloße Erfahrungswirkungen angesehen hat, ohne zunächst an eine andere Möglichkeit auch nur zu denken. Dass es ausgezeichnete Gestalten gibt, das soll nach dieser Ansicht darauf beruhen, dass wir in überwiegender Anzahl von Fällen solche gesehen haben und daher, assimilativ, sie auch dann sehen, wenn die Reizlage an sich andere bedingen würde. Das gilt auch für G. E. Müller, der sich durch den Begriff der Kollektivdisposition der hier vertretenen Ansicht genähert hat: „Wenn im entwickelten Seelenleben ein Objekt von **geläufiger Form** auf unser Sehorgan einwirkt, so pflegen die entstehenden Sehnervenerregungen in gewissen Teilen des optischen Sektors diejenigen physiologischen Vorgänge auszulösen, welche das Aktivsein einer der Form des Objekts entsprechenden Kollektivdisposition ausmachen." Die Kollektivdisposition wird also, wie von uns, als Bedingung für die Form des entsprechenden Gebildes betrachtet, aber aus dem von uns gesperrten Wort geht hervor, dass die Kollektivdisposition selbst auf Erfahrung, gleich Häufigkeit, zurückgeführt wird. Wertheimer weist demgegenüber mit aller Schärfe und Energie darauf hin, dass diese Theorie in jedem Fall - konkret zu zeigen hat, dass wirklich der Tatbestand der Erfahrung so aussieht, wie ihn die Theorie verlangt. Und wenn man diese Aufgabe verfolgt, so erkennt man, dass die Theorie sich selbst in den Schwanz beißt. Nehmen wir das oben diskutierte Beispiel des rechten Winkels, dessen Auszeichnung sich ja auch dadurch ergibt, dass man, perspektivisch, mit der größten Leichtigkeit schiefe Winkel als rechte sieht. Zeigt uns nun nicht aber die Erfahrung wirklich dauernd rechte Winkel? Ganz gewiss, aber Erfahrung als Bestand des tatsächlich Erlebten, nicht aber als reizempfindungsmäßige Rezeption. Denn ein rechter Winkel bildet sich als solcher nur in den seltenen Fällen auf der Netzhaut ab, in denen er frontal parallel vor uns liegt, in allen anderen Fällen ist seine Netzhautprojektion schiefwinklig. Die Reize legen also von sich aus in der überwiegenden Anzahl von Fällen schiefe Winkel nahe — obwohl sehr viele rechtwinklige Gegenstände vorhanden sind. Dass wir nun so oft auch rechte Winkel sehen, erklärt also nicht, dass der rechte Winkel phänomenal und funktional ausgezeichnet ist, sondern der zweite Satz erklärt den ersten. Die häufige Erfahrung des rechten Winkels beruht auf seiner Auszeichnung, nicht umgekehrt. Die gleiche Argumentation gilt für alle Fälle ausgezeichneter einfacher Gestaltung, wie man leicht einsieht. Dass Erfahrung im Sinn der Gestaltdisposition auch mitwirkt, braucht dabei keineswegs geleugnet zu werden, nur ist diese Erfahrung nicht das zufällige Entstehen eines beliebigen Gebildes (sodass wir etwa, wenn es einer Zeit einfallen sollte, durchweg in ihren Bauten und Gebrauchsgegenständen Winkel von sagen wir 100° zu verwenden, anstelle der Auszeichnung des rechten Winkels die des eben stumpfen hätten), sondern sie ist

Festigung einer an und für sich natürlichen Reaktion des optischen Systems.

Dass sich aus dieser Theorie bestimmte Folgerungen für die individuelle Entwicklung der Wahrnehmung ergeben, ist schon aus dem Bisherigen ersichtlich. Auf einige Punkte sei noch kurz hingewiesen: Dass am Anfang des Bewusstseins ein Mosaik zahlloser und verbundener Empfindungen stehe, ist ganz ausgeschlossen. Wir werden uns die ersten Phänomene im Gegenteil ungeheuer eintönig, ungegliedert vorstellen müssen, andererseits freilich „lebendig". Nicht Totes, Sobeschaffenes, wird wahrgenommen, sondern „Freundliches" oder „Böses". Scheler drückt das so aus, „dass 'Ausdruck' sogar das Allererste ist, was der Mensch vom außer ihm befindlichen Dasein erfasst." Der erste Fortschritt wird in zunehmender Gliederung bestehen. Die bekannten Tatsachen der Kinderpsychologie habe ich an anderer Stelle in diesem Sinn darzustellen gesucht.

Von ganz anderer Seite hat in jüngster Zeit Jaensch mit seiner Schule dies Problem in Angriff genommen, indem er sich nicht auf die Beobachtungen von Säuglingen, sondern auf die experimentelle Untersuchung von Schulkindern stützt. Er konnte an einer großen Anzahl solcher einerseits gewisse typische Abweichungen von der normalen Wahrnehmung, andererseits das Bestehen einer bestimmten Anlage feststellen, die er die eidetische nennt, und die darin besteht, dass die Kinder einmal Gesehenes im Anschauungsbild buchstäblich wieder vor sich sehen können. Jaensch sucht den ersten Befund durch den zweiten zu erklären und schiebt ganz allgemein den Anschauungsbildern für die Entwicklung des Seelenlebens eine überragende Rolle zu. Ich muss mich begnügen, die Tendenz dieser Forschungen hier zu erwähnen.

10. Physiologische Hypothesen

Hat es überhaupt noch einen Sinn, so möchte man fragen, nach einer physiologischen Fundierung der Wahrnehmungsvorgänge zu suchen, so wie wir diese auffassen? Dass das herkömmliche Schema der Leitung-Hypothese jedenfalls hierfür nicht infrage kommt, leuchtet sofort ein; soll man da nicht das ganze Problem streichen? Lindworsky tut dies. Für seine Vorgänge der zweiten, höheren Art leugnet er die Bedeutung physiologischer Vorgänge, während er die der ersten Art wesentlich als Epiphänomene physiologischer Prozesse betrachtet. Nun haben wir Lindworskys Scheidung zurückgewiesen, damit verlieren wir jedes Recht, physiologisch bedingte und physiologisch nicht bedingte psychische Vorgänge zu trennen, d. h., da physiologisches Geschehen sicher von Einfluss auf Psychisches ist: Wir können das Problem der physiologischen Grundlegung nicht ausschalten. Wie wir es anpacken sollen, das hat zuerst Wertheimer ausgesprochen: Wenn überhaupt der Rückschluss von Psychischem auf Physiologisches sinnvoll sein soll, dann müssen wir dem Physiologischen Eigenschaften zuerkennen, die wir im Psychischen finden, d. h. es muss auch im Physiologischen auf die Ganz-Eigenschaften größerer Bereiche ankommen, es darf nicht nur gefragt werden: Wo geschieht etwas, wie es der Leitungshypothese entspricht, sondern was geschieht. Wie dies konkret und im Zusammenhang mit der Naturforschung anzugreifen ist, das hat Köhler in grundlegender Untersuchung gezeigt. „Als Wertheimer-Problem soll kurz die Frage nach solchen physischen Gestalten bezeichnet werden, welche aus der Natur des Nervensystems abzuleiten, also jedenfalls in ihm möglich sind, und welche den Eigenschaften phänomenaler Gestalten entsprechen", so formuliert Köhler die Aufgabe. Aber vorher hat er bereits eine große Leistung vollbracht. Er hat gezeigt, dass das, was wir Gestalten genannt haben, Gebilde, deren Teile vom Ganzen aus bestimmt sind, wo alle Teile sich gegenseitig tragen, nicht auf das Bewusstsein beschränkt ist, dass man vielmehr in der Physik auf Schritt und Tritt solchen Gebilden begegnet, sobald man einmal gelernt hat, sie zu sehen. Damit ist die Berechtigung des Wertheimer - Problems über allen Zweifel erhaben. Es gibt auch im Geschehen der anorganischen Natur Gestalten, also muss es sie auch im Physiologischen geben.

Auf die Einzelheiten kann hier nicht eingegangen werden. Erwähnt sei nur, dass die Betrachtung sich nicht auf die einzelnen

Neuronen richtet, sondern auf ganze Gebiete, z. B. den gesamten optischen Sektor von der Netzhaut bis in die Hirnrinde als ein einheitliches System, ja dass auch diese Grenz-Setzung noch willkürlich ist, dass auch die Gebiete der Kerne, in denen die Nerven entspringen, welche die Augenmuskeln innervieren, mit diesen Nerven dazugehören, dass schließlich bei strengster Betrachtung das ganze Zentralorgan als ein System zu behandeln ist, während es bisher als Summe von unzähligen isolierten Systemen behandelt wurde.

Die beiden für die alte Auffassung grundlegenden Thesen, die wir oben (S. 38) gekennzeichnet haben, sind also in ihr Gegenteil verkehrt. Es gibt keine voneinander unabhängigen Elemente im nervösen Apparat, und „aktuelles Bewusstsein ist in jedem Falle zugehörigem psychophysischen Geschehen den (phänomenal und physisch) realen Struktureigenschaften nach verwandt, nicht sachlich sinnlos nur zwangläufig daran gebunden." (Köhler.)

Von hier aus ergibt sich auch das Verständnis für die Übereinstimmung zwischen Erlebnis- und Gebarens-Wahrnehmung, wie wir im letzten Kapitel genauer sehen werden.

IV. GEDÄCHTNIS UND DENKEN

1. Das Lernen. Gedächtnis und Erfolg-Problem

Die Grundlage der üblichen Lehre vom Gedächtnis haben wir im zweiten Kapitel skizziert. Inzwischen haben wir gesehen, dass ihre Voraussetzungen unhaltbar geworden sind: Die Annahme, dass ursprünglich nur undverbundene Elemente im Bewusstsein waren, die durch bloße Wiederholung sich äußerlich assoziieren, sich dann aufgrund dieser äußerlichen Assoziation reproduzieren. Wir sahen dagegen, dass von Anfang an einheitlich gestaltete Gebilde auftreten, Gebilde, deren einzelne Teile nicht rein äußerlich, sachlich sinnlos, aneinander gebunden sind, sondern die sinnvoll zusammenhängen. Für die Teile solcher Gebilde kann also der Begriff der Assoziation überhaupt nicht mehr in Betracht kommen — auch dies im Unterschied zu den Komplexen G. E. Müllers, für die besonders starke assoziative Verbundenheit der Teile charakteristisch ist. Wenn aber ein Komplex einen anderen reproduziert, wie steht es da? Lässt sich die Assoziationstheorie wenigstens für diesen Fall aufrechterhalten? Das würde heißen: Lernen ist nichts anderes als Stiften von Assoziationen, die bisherigen Untersuchungen über das Lernen wären die einzig möglichen, das einzige Lernproblem dies: Wie hängen spätere Leistungen einer bestimmten Art (das Hersagen einer Reihe sinnloser Silben z. B.) von früheren ab. Niemand wird die Wichtigkeit dieses Problems leugnen, und doch lässt sich leicht zeigen, dass es nicht das einzige, ja nicht einmal das fundamentale Lernproblem ist. Wir können, um dies klarzumachen, an eine Erörterung des letzten Kapitels anknüpfen: Wir sprachen dort davon, wie ein Kind gelb und grün unterscheiden lernt, und wir sahen, dass, bevor nicht eine bestimmte Bedingung[8] erfüllt ist, noch so häufige Wiederholung nutzlos bleibt. Erst wenn das Kind einmal den Unterschied

---

8 Das Beispiel einer Bedingung ist, dass der Unterschied zu anderen, ähnlichen Lerninhalten vorab durch Präsentation einer einheitlichen Gestalt, die aus ungleichen Teilen besteht, erkannt wird.

IV. GEDÄCHTNIS UND DENKEN

„erkannt" hat, wenn es einmal, so drückten wir es dort aus, phänomenal vor sich das „ungleiche Farbenpaar" gehabt hat, wird Wiederholung der Festigung dienen, aber es wird nicht mehr sehr häufige Wiederholung erforderlich sein. In dem Lernprozess gibt es also eine ausgezeichnete Stelle, eine starke Unstetigkeit; vorher kein Lernerfolg, nachher ein enorm starker. Solche Unstetigkeiten sind nun nach den Beobachtungen Köhlers auch für das Lernen von Dressurleistungen durch Schimpansen charakteristisch. Worauf diese Unstetigkeit im ersten Beispiel beruht, das ist klar: Die Farben hatten zum ersten Mal die neue Farb-Struktur „ungleiches Paar" ergeben, d. h., den Reizen hatte ein neues, schärfer gestaltetes Phänomen entsprochen, und die Erzeugung dieses Phänomens war gerade die Leistung, auf die es ankam. Allgemein: Die Unstetigkeit liegt an der Stelle im Lernprozess, wo die gewünschte Leistung zum ersten Mal durchbricht. Erst von diesem Moment an hat das übliche Lernproblem Sinn, vorher erweist sich die spätere Leistung völlig unabhängig von der früheren. Dies Problem kann also nicht das einzige des Lernens sein, denn es bezieht sich gar nicht auf die für alles Weitere entscheidende erste Leistung.

Wir haben diesem Problem, das ich das eigentliche „Gedächtnisproblem" nenne, das andere, von mir als „Erfolgproblem" bezeichnete, an die Seite zu stellen: Wie kommt die jeweils erste Leistung zustande? Dies Problem gilt für alles Lernen in gleicher Weise, für Verbesserung der Wahrnehmung, für das Lernen von neuen Bewegungen, für das Lernen von Handlungen — Zuordnungen von Bewegungen zu Situationen —, für das Lernen reiner Denkleistungen. Diese vier Gebiete sind nicht durch scharfe Grenzen gegeneinander abgeschieden, es ist daher die nächstliegende Annahme, dass im Prinzip die Lösung überall die gleiche sein wird. Dadurch aber würde das gesamte Verhalten des Individuums, sein äußeres wie sein inneres, eine viel engere Einheit bilden, als es einer Psychologie schien, die verschiedene Vermögen oder verschiedene hohe Funktionen trennte. Aus unserer Untersuchung der Wahrnehmung konnten wir auch schon entnehmen, wo wir die Lösung zu suchen haben. Es würde sich um Veränderungen in der Gestalt der Gebilde handeln, die nun im einzelnen zu studieren wären. Da auch für solche Untersuchungen die Wahrnehmungspsychologie viele Möglichkeiten bietet, so erkennen wir jetzt die Bedeutsamkeit dieses Gebiets für die Psychologie in ihrer allerweitesten Ausdehnung.

Tatsächlich hat die alte Psychologie die Scheidung der zwei Lernprobleme nicht vollzogen. Weil für sie Lernen nichts war als Bildung von Assoziationen und Einzelresiduen, so konnte das Erfolgproblem überhaupt nicht erkannt werden. Lernen war nichts als Wirkung von Gedächtnis, der Unterschied zwischen einem Idioten und dem größten Genie bestand nur in der Zahl und Bereitschaft der Residuen und Assoziationen.

Am krassesten tritt diese Theorie hervor in gewissen amerikanischen Tierversuchen, wie sie von Thorndike begründet worden sind. Thorndike stellte sich die äußerst verdienstvolle Aufgabe, an die Stelle der Vermutungen und Anekdoten über die Lernleistungen von Tieren exakte Forschungen zu setzen. Die Versuche, die er anstellte, und bei denen sich die Tiere auf eine ihnen unverständliche Weise aus einem Käfig befreien mussten, führte ihn zu der Ansicht, das Tier lerne allein nach dem Prinzip von Versuch und Irrtum, d. h. ganz von selbst prägten sich die richtigen Bewegungen, die ursprünglich allein durch Zufall zustande kommen, in der richtigen Reihenfolge ein, das Tier sei selbst am Lernen gänzlich unbeteiligt, ja es wisse nicht einmal, wenn es eine bestimmte gelernte richtige Bewegung ausführe, dass diese mit dem Erfolg irgendetwas zu tun habe.

Noch eine ergänzende Bemerkung zur Psychologie des Lernens. Während man in Deutschland das Lernen hauptsächlich an Reihen sinnloser Silben studiert hat, hat man in Amerika auch andere Leistungen untersucht: Schreibmaschine-Schreiben, Ballspiele, Bogenschießen, Lösen von mechanischen Vexierrätseln usw. Bei diesen Lernprozessen traten anstelle der einen Unstetigkeit mehrere solche auf, die Lernkurven zeigten stets eine Anzahl von Plateaus. Wir können dies dahin deuten, dass die geforderte Leistung nicht auf einmal zustande kam, sondern schrittweise erfolgte, sodass jeder Schritt einem neuen Gestaltungsprozess entspricht.

2. Die Konstellations-Theorie von Assoziation und Determination

Dem Gedächtnis fiel aber in der Assoziationspsychologie eine noch größere Rolle zu. Auch das Denken war im Grunde nach ihr eine bloße Gedächtnisfunktion, Denken hieß Aufeinanderfolgen von Vorstellungen nach dem Gesetz der Assoziation. Wir sahen, wie dieser Konsequenz Külpe und seine Schule entgegentraten, wie aber die Theorie der Würzburger an der Assoziationstheorie festhielt und sie nur durch den Begriff der Determination ergänzte. Der Vorstellungs- und Gedankenablauf war nach dieser Lehre durch Faktoren zweierlei Art bestimmt, die unabhängig voneinander wirkten, sich in ihren Effekten addierend. Aber auch diese Theorie ist noch, wie dies zuerst Selz, selbst ein Schüler Külpes, klar ausgesprochen hat, eine Konstellations-Theorie im oben (S. 32) definierten Sinn. Dieser Mangel der Theorie musste beseitigt werden. Die determinierenden Tendenzen waren dazu geschaffen, in die sinnlose Verknüpfung der Assoziationen Sinn zu bringen. Wie sie das aber zustande brachten, das blieb dunkel. Der notwendige Fortschritt konnte nur so vollzogen werden, dass man die Konstellationstheorie überhaupt aufgab. Diesen Versuch hat Selz unternommen, mit einer Methodik, die sich als sinnreiche Modifikation des in Würzburg ausgebildeten Verfahrens darstellt.

Es handelt sich in allen Versuchen der Würzburger Schule darum, die Vp. zur Ausführung einfacher Denkaufgaben zu veranlassen, das Neue bei Selz gegenüber dem Vorgehen von Watt und Messer war nur, dass die Aufgaben von Versuch zu Versuch wechselten; die Vp. hatten ferner stets ihre Erlebnisse nach dem Versuch zu beschreiben, und aus den Lösungen und den ausführlichen Versuchsprotokollen suchte der Experimentator nachher die Entstehung der Lösung zu begreifen. Über diese Methodik ist viel gestritten worden. Heute wird man ihr wohl ihren historischen Wert nicht mehr absprechen. Sie hat dazu gedient, dass den Psychologen wieder die Augen geöffnet wurden, für das, was wirklich alles in einem Denkakt vorgeht. Aber andererseits sind ihre Ergebnisse nie absolut eindeutig. Man kann die Assoziationstheorie dadurch in Schwierigkeiten bringen, sie zu immer neuen Hilfshypothesen zwingen, aber man wird sie auf diese Weise nie endgültig widerlegen.

Das ist erst Lewin gelungen, der mit den exaktesten Hilfsmitteln der Gedächtnisexperimente die Voraussetzungen der Assoziationstheorie als falsch nachweisen konnte. Während Selz zeigte, wie der Begriff der Determination selbst dazu führt, konstellatives Zusammenwirken von Assoziationen und determinierenden Tendenzen aufzugeben und stattdessen eine Komplextheorie aufzubauen, bewies Lewin, dass der Begriff der Assoziation als solcher unzureichend war. Um seine Versuche zu verstehen, müssen wir auf eine geistreiche Anwendung der assoziativ-determinierenden Konstellationstheorie zurückgreifen, wir meinen das Prinzip des assoziativen Äquivalents von Ach. Von der Annahme ausgehend, dass die auf eine vorhandene Vorstellung folgende Vorstellung sowohl von assoziativen wie von determinierenden Tendenzen bestimmt würde, kam er auf den Gedanken, Fälle zu untersuchen, in denen sich beide entgegenwirken. Kurz gesagt: Er will die Gewohnheit gegen den Willen wirken lassen. Der Willens-Vorsatz bestehe z. B. darin, eine sinnlose Silbe, die vorgezeigt wird, umzustellen, also etwa bei Erscheinen der Silbe lap die Silbe pal auszusprechen. Die Gewohnheit andererseits bestehe darin, dass diese Silbe als Teil einer Reihe sinnloser Silben gelernt worden ist, dass sich also zwischen ihr und einer anderen auf sie folgenden durch häufige Wiederholung eine feste Assoziation gebildet habe, der zufolge die Vp. beim Erblicken der Silbe lap die Tendenz habe, etwa die Silbe nok auszusprechen. Was wird geschehen, wenn die so gelernte Silbe lap nun wirklich erscheint und die Vp. die Aufgabe hat, umzustellen? Wird das Verhalten der Vp. in diesem Fall anders sein, als wenn ihr bei gleicher Instruktion eine nicht mit einer anderen assoziierte Silbe geboten wird, und wieder anders, wenn etwa die mit der dargebotenen assoziierte Silbe selbst schon ihre Umstellung war? Im letzten Fall spricht Ach von homogener, im zweiten Fall von indifferenter, im ersten von heterogener Tätigkeit. Vorausgesetzt ist ferner, dass die Aufgabe, zu einer Silbe die zunächst **einfallende** zu nennen, eine homogene Tätigkeit darstelle. Sein Ergebnis war, dass die Trefferzeiten in der Reihenfolge von homogener zu heterogener Tätigkeit zunehmen, und dass in gewissen Fällen (vom Versuchsleiter) „intendierte Fehlreaktionen" auftreten, d.h., dass die Vpn., statt die Silbe umzustellen, die mit ihr fest assoziierte Silbe nannten. Er sieht in diesem Resultat die Bestätigung seiner Grundannahme: Zusammenwirken assoziativer und determinierender Faktoren, die sich fördern oder hemmen können. Ist die Assoziation fest genug, so wird sie die Determination überwinden, die Stärke, die gerade dazu nötig ist, ist eben das assoziative Äquivalent, durch das man also die **Stärke eines Vorsatzes** messen kann.

Unter scheinbar nur unbedeutend veränderten Versuchsbedingungen fand Lewin dagegen weder die Verlängerung der Trefferzeiten bei heterogener gegenüber indifferenter Tätigkeit, noch intendierte Fehlreaktionen. Silben, die durch 270 auf 16 Tage verteilte Wiederholungen mit anderen Silben ungeheuer fest assoziiert worden waren, wurden ebenso schnell und sicher umgestellt wie Silben, bei denen solche Assoziationen fehlten. Ja, es zeigte sich das merkwürdige Ergebnis, dass, wenn eine der so besonders fest assoziierten Silben mit der Instruktion dargeboten wurde, die Vp. solle darauf nennen, was ihr einfalle, gleichviel ob sinnvoll oder sinnlos, ein- oder mehrsilbig, dass dann unter Umständen nie mit der so fest assoziierten Silbe reagiert wurde, dass vielmehr meist der Vp. überhaupt nichts einfiel, ein Ergebnis, das in schöner Übereinstimmung steht zu Ergebnissen einer eignen, noch in Külpes Würzburger Institut begonnenen Untersuchung, bei der unter einer ähnlichen Instruktion sinnvolle Worte zugerufen wurden.

Aus Lewins letztem Ergebnis folgte zunächst: Bloße Assoziation ist nicht die ausreichende Bedingung für die Reproduktion, eine Folgerung, die auch Poppelreuter schon gezogen hatte.

2. Die Konstellations-Theorie von Assoziation und Determination

Lewin ist es nun gelungen, seine Ergebnisse mit allen Finessen experimenteller Technik zu sichern und den Grund der abweichenden Resultate Achs zu finden. Ja, es gelang ihm, je nach der Art der Prüfung, bei genau den gleichen Silben Reaktionen ohne jede Hemmung oder intendierte Fehlreaktionen hervorzurufen. Er stiftet die Assoziationen jetzt dadurch, dass er gewisse Silben immer wieder reimen, andere immer wieder umstellen lässt, und bietet zum Vergleich Silben, die beim Vorzeigen ebenso oft gereimt wie umgestellt werden mussten. Während bei den ersten, den c-Silben, auf die kritische Silbe durch Aussprechen der Vp. stets dieselbe Silbe (gereimte: c_r bzw. umgestellte: c_u) folgte, sodass sich eine von der Zahl der Wiederholungen abhängige Assoziation bilden müsste, folgte auf die zweite Art, die v-Silben, bald die gereimte, bald die umgestellte, sodass sich überhaupt keine eindeutige Assoziation bilden kann. Wurde nun die Aufgabe gegeben, umzustellen, und wurden die c_r, c_u und v-Silben in bunter Reihenfolge geboten, so gaben alle genau die gleichen Trefferzeiten, und es gab keine Fehler. Wurden aber, unter Fortlassung der v-Silben, beim Lernen die gleichen Silben mehrmals hintereinander geboten und bei der Prüfung mit der Instruktion: Reimen zunächst lauter c_r-Silben gezeigt, dann trat bei der ersten c_u-Silbe eine intendierte Fehlreaktion ein, und zwar auch, wenn die c_u-Silben viel weniger oft wiederholt worden waren als früher die heterogenen Silben.

Daraus ist zu ersehen, worauf es ankommt: Wenn ich eine Tätigkeit, die ich beherrsche, wie das Umstellen oder Reimen, ausführe, dann ist es völlig gleichgültig, ob die Silbe, an der ich die Operation vornehme, in anderen Verbindungen gestanden hat. Hemmungen und Fehler treten erst dann auf, wenn die Operation selbst zweideutig wird. Soll ich nämlich auf vorgezeigte Silben reimen, und sind diese Silben schon mit ihren Reimsilben zusammen gelernt worden, dann werde ich leicht von selbst, ohne es gewahr zu werden, dahin kommen, statt wirklich wieder zu reimen, einfach das zweite Glied des gelernten Paares zu nennen. Kommt nun eine c_u-Silbe, so muss das gleiche Verfahren zur Fehlreaktion führen, oder, wo noch rechtzeitig eine Korrektur eintritt, zur

Hemmung. Das heißt schließlich: Das Nennen der zweiten Silbe des gelernten Paares ist gerade so gut eine Tätigkeit wie das Reimen und Vorstellen. Wenn diese Tätigkeit nicht intendiert ist, nützt alle Wiederholung nichts, es erfolgt keine Reproduktion. Die Assoziation als äußeres Band, entstanden durch bloße Existenzialverbindung, muss aus der Erklärung verschwinden, ebenso die Determination, die konstellativ mit der Assoziation zusammenwirkt. Was in den üblichen Gedächtnisversuchen gelernt wird, das ist nicht die Verkettung von lauter Elementen, sondern, wie Lewin sagt, die Ausführung bestimmter Tätigkeiten.

3. Die Denk-Gestalten

Wir können das auch so ausdrücken: Zwei Silben haben sich assoziiert, das heißt in Wirklichkeit, es hat sich ein Silben-Paar gebildet, als dynamische Gestalt, mit einem ersten und einem letzten Glied, und es ist primär der Fortschritt vom ersten zum zweiten gelernt worden — freilich, wie uns die Gedächtnis-Versuche gelehrt haben, noch allerlei mehr. Wenden wir dies auf die Denkaufgaben Watts und Messers an: Wenn ich zu einem Wort sein Gegenteil nennen kann (vgl. S. 32), so beruht das nicht darauf, dass zu den vom Wort ausgehenden assoziativen Reproduktionstendenzen sich eine auswählende determinierende gesellt, sondern darauf, dass ich die Tätigkeit, die Funktion, den Übergang von einem Wort zu seinem Gegenteil beherrsche. Die Tätigkeit allein erklärt den Erfolg, dies ist die Ansicht, die auch von Selz vertreten wird. Wie können wir nun diese Tätigkeit näher bestimmen? Was ist ihre Voraussetzung? Wie für das Unterscheiden von gelb und grün das Zustandekommen des Phänomens: Ungleiches Farbpaar nötig gewesen war, so für das Nennen des Gegenteils das Erlebnis des „Gegenteil-Paars". Hat ein Kind an einem oder zwei Beispielen den „Witz" des Gegenteils begriffen, „kapiert", so kann es selbstständig an neuen Beispielen die Aufgabe, Gegenteil nennen, lösen. — Der Ausdruck „kapieren" ist für den gemeinten Vorgang so weitaus der bezeichnendste, dass wir ihn weiterhin öfter verwenden werden. — Wir hatten „ungleiches Farb-Paar" eine

3. Die Denk-Gestalten

Gestalt genannt, wir werden auch „Gegenteil-Paar" eine Gestalt nennen. Diese Gestalt bewirkt, wie jede, eine Gestaltdisposition wir erkennen an diesem Beispiel aber eine wichtige Eigentümlichkeit dieser Gestaltdispositionen. Hat das Kind „groß" als Gegenteil von „klein" kapiert, so besteht eine Gestaltdisposition nicht nur für dies Begriffs-Paar oder für ähnliche, sondern es hat damit die Gestalt Gegenteil überhaupt erworben. Gerade so wie das Kind, das gelernt hat, gelb und grün zu unterscheiden, nun sehr viel leichter die Unterscheidung von rot und blau lernen wird. Wir werden diese charakteristische Eigenschaft der Gestaltdispositionen immer wieder antreffen.

Auf diesem Wege ist sinnvolles Denken erklärbar. Liegt doch wieder der Sinn schon in den „kapierten" Gegebenheiten selbst. Und auch das mechanische Lernen ist erst von hier aus verständlich. Wenn ich mechanisch pum lap gelernt habe, auch dann ist die Theorie der bloßen äußeren Verknüpfung falsch. Ich habe auch dann ein einheitliches Gebilde geschaffen, ein Paar, in der Regel jambisch oder trochäisch, also mit spezifischer Dynamik, in der freilich nicht viel Sinn stecken kann, d. h. dessen Ganz-Gesetz nur lose sachliche Bindung fordert. Lap ist nicht Gegenteil von pum, steht nicht in einer anderen „logischen" Bindung dazu, aber es gehört doch zu ihm, sagen wir wie sein „Kollege". Dass gerade diese zwei Silben zu Kollegen wurden, ist völlig willkürlich, aber nicht umsonst ist das Lernen solcher sinnloser Silben solch unangenehmes Geschäft, während das Kapieren eines neuen Zusammenhangs, z. B. das Verstehen eines mathematischen Beweises, stets außerordentlich lustbetont ist. Wir verweilen bei diesem Hinweis auf die affektive Seite noch nicht, sondern ziehen noch eine Anwendung heran:

Nach der Assoziationstheorie ist der Name mit dem benannten Gegenstand lediglich durch Assoziation verbunden. Durch ständiges Zusammentreffen der optischen Wahrnehmung des Dinges und der akustischen des Namens wird beim Kind diese Verbindung gestiftet. Genau so aber ist nach dieser Ansicht das Zeichen mit dem bezeichneten verbunden, also etwa das Zeichen 2 mit dem Wort zwei. Von unserem Standpunkt aus liegt dagegen in beiden Fällen eine spezifische Form des Zusammenhangs vor, also auch im zweiten eine andere als im ersten. Namen- und Zeichen-Funktion sind nicht dasselbe, also ist auch der Zusammenhang, der durch Namen bzw. Zeichen gestiftet wird, ein verschiedener. Nach den exakten und sinnreichen Versuchen von Heymans und Brugmans, die freilich vermeiden, diesen Schluss zu ziehen, ist an dem Bestehen dieses Unterschieds nicht zu zweifeln. Es ist eine andere Leistung, zu einem Ding seinen Namen zu nennen, als ein Zeichen zu deuten, und dies wird bewiesen dadurch, dass die erste Leistung längere Zeit beansprucht als die zweite, auch wenn die ausgesprochenen Worte jeweils identisch sind. Es dauert also länger, ein rotes Quadrat „rot" zu nennen, als das geschriebene Wort „rot" laut abzulesen, und es ist durch die Versuche der beiden holländischen Forscher der Beweis erbracht worden, dass dies nicht am Unterschied der Geläufigkeit im Sinn größerer Häufigkeit der zweiten Leistung liegt, sondern eben am Unterschied der Funktionen selbst, was vorher schon W. Brown behauptet hatte. Pädagogisch folgt daraus z. B., dass es zwei ganz verschiedene Aufgaben sind, wenn das Kind lernen soll, einmal dass der Buchstabe a das Zeichen für den Laut a, und dass andererseits der Laut a auch der Name für den Buchstaben ist.

Nennen wir diese Gestalten Denk-Gestalten, um sie von den schlichten Wahrnehmungs-Gestalten zu unterscheiden. Damit soll nur eine Abgrenzung für die Behandlung erreicht werden, denn sachlich hängen Wahrnehmungs- und Denk-Gestalten aufs Engste zusammen. Einerseits nämlich haben Denk-Gestalten mit räumlichen Gestalten die engste Verwandtschaft, was sich z. B. in den räumlichen Schematen zeigt, die viele Menschen beim Denken benutzen. Denn dass die Denkaufgaben von sich aus solche Schemata hervorrufen, beweist, dass ihre Gestalt-Eigenschaften denen der Denkaufgabe selbst konform sind. Das zeigen schon die zuerst von Galton beschriebenen Zahlendiagramme; nicht ganz wenige Menschen besitzen für die Zahlenreihe ein bestimmtes, innerlich vorgestelltes Diagramm; die mannigfachsten Formen treten bei verschiedenen Individuen auf, stets aber ahmen ihre Eigenschaften die der Zahlenreihe nach, sodass z. B. ausgezeichneten Punkten der Diagramme auch

3. Die Denk-Gestalten

ausgezeichnete Zahlen entsprechen. Das große vorliegende Beobachtungs-Material hat G. E. Müller systematisch verarbeitet und durch eigene Forschungen, die sich besonders auf das mechanische Gedächtnis beziehen, ergänzt. Andererseits ist bei vielen Gestalten gar nicht klar, ob sie als Wahrnehmungs- oder als Denk-Gestalten bezeichnet werden sollen, was im nächsten Abschnitt deutlich werden wird. Wieder also rücken Wahrnehmung und Denken zusammen, aber nicht so, dass zum sinnlosen Stoff der Wahrnehmung das vernünftige Denken hinzutritt, sondern so, dass Sinn auf beiden Gebieten in derselben Weise herrscht.

Es ist eine Aufgabe, die als psychologisches Problem wesentlich, noch Aufgabe ist, die Grundtypen der Denk-Gestalten wie der Wahrnehmungs-Gestalten herauszuarbeiten. Dabei ist zu beachten, dass die Denk-Gestalten, die wir erwachsenen Westeuropäer besitzen, Entwicklungsprodukte sind, die sich aus weniger gegliederten, weniger differenzierten, indissoluteren herausgebildet haben. Um nur ein Beispiel zu geben: Was wir als eine Zeichen-Funktion kennen — aber außer in abstrakt wissenschaftlichem Denken in wirklicher Reinheit lebendig auch nie haben —, das gibt es, wie Lévy-Bruhl in seinem großen Werk an einem überwältigenden Material gezeigt hat, auf Stufen primitiver Mentalität nicht, auf der gerade die Vorzeichen eine so besondere Rolle spielen. Vielmehr ist das Vorzeichen zugleich die Ursache, die wirkende Kraft selbst. D. h. die beiden Denk-Gestalten: Zeichen und Ursache sind ursprünglich undifferenziert in einer vageren und umfassenderen Gestalt enthalten gewesen.

Das Studium primitiver Mentalität bietet für die Probleme eine Fundgrube wesentlichster Erkenntnisse, denn alle Denkgestalten sind dort anders als die unseren, unterscheiden sich von den Formen unserer Logik, wenn sich auch im Denken des „gemeinen Mannes" noch manche Verwandtschaft zu den ursprünglichen Formen zeigt.

Was wir hier Denk-Gestalten nennen, das hat enge Bezüge zu dem, was die Logik Begriffe nennt, und die letzte von uns skizzierte Aufgabe wäre also die Aufstellung einer psycho-

IV. GEDÄCHTNIS UND DENKEN

logischen Kategorienlehre. Eine Psychologie der Begriffe sähe sich dann freilich vor andere Aufgaben gestellt als die bloße subtraktive Abstraktion des Gemeinsamen.

Dass von hier aus die übliche Ansicht vom Verhältnis zwischen Psychologie und Logik gründlich revidiert werden muss, kann hier nicht näher begründet werden. Das aber leuchtet wohl ein: Bei dem alten Gegensatz zwischen den zufälligen, beliebigen, Real-Gesetzen unterworfenen Denkvorgängen und den vernünftigen Sinn-Gesetzen unterworfenen Begriffen kann es nicht mehr bleiben. Denn auch das reale Denken ist nicht sinnlos, reale Denkgebilde unterstehen selbst in sich sinnvollen Gesetzen.

Gehen wir kurz auf diese ein. Da es sich um Gestalten handelt, so gelten alle früher abgeleiteten Gestaltgesetze. Der Weg geht hier wie dort vom Chaotischen zum Gegliederten. Vergleichen wir Denk- und Wahrnehmungs-Gestalten in dieser Hinsicht, so finden wir diese gegenüber jenen bevorzugt. Denkgebilde sind viel leichter und viel stärker verschwommen als Wahrnehmungsgebilde, „klar denken" ist noch viel schwerer als „scharf beobachten". Die relative Konstanz und Festigkeit der die Wahrnehmung beherrschenden äußeren Bedingungen ist augenscheinlich die Ursache dieses Unterschieds. Dadurch kommt auch in das Gefüge eine gewisse Festigkeit, die das Denken leicht verlieren kann. Und darum die Unterstützung, die wir immer wieder dem Denken durch „Anschauung" zu geben versuchen. Andererseits können die äußeren Bedingungen auch als Beschränkungen wirken. Sie binden die Gestaltung an Grenzen, heben Glieder heraus, die u. U. für den Sinn der Gestalt nicht wesentlich sind, und von denen sich das „Denken" befreien kann. Es können also im Denken sehr wohl Gebilde entstehen, die in keiner Wahrnehmung gegeben gewesen waren, und damit meinen wir natürlich nicht die üblichen Neukombinationen von Vorstellungen. Das heißt: Der Sensualismus ist psychologisch falsch; es kann sehr wohl durch Fortfall gewisser äußerer Bedingungen erst das Entstehen neuer Gestalten ermöglicht werden. Sind solche neuen Gestalten im Denken entstanden, so können sie nun auch in der Wahrnehmung aktualisiert werden,

3. Die Denk-Gestalten

denn nun sind ja, infolge der neuen Gestaltdispositionen, die inneren Bedingungen gegenüber den gleichen äußeren verändert.

Wieder kann ich auf erkenntnistheoretische Konsequenzen nur hinweisen. Es ist aber klar, dass sich das Erkenntnisproblem ganz anders darstellen muss, wenn man die „Sinnlichkeit" nicht unter „dem Bilde eines primär stückhaft empfangenden Apparats" auffasst. Wenn „der Empfang selbst schon von den charakteristischen Ganzbezügen her sich bedingt", dann liegt es nahe, den psychophysischen Organismus anzusehen als einen „Apparat" — natürlich ist dies Wort selbst höchst inadäquat —, „möglichst tauglich zum Erfassen innerer Notwendigkeiten". (Wertheimer.) Weitere Anregungen finden sich in den Schriften von Wertheimer und Köhler. Von anderem Gesichtspunkt aus hat kürzlich Ach die Entstehung von Begriffen experimentell untersucht.

Von den uns bekannten Gestaltgesetzen gehe ich noch auf das Gesetz der Schließung ein, dem hier und in später zu behandelnden Bezügen eine ungeheure Wichtigkeit zukommt. Was macht die Aufgabe zur Aufgabe, die Frage zur Frage? Hier liegen unfertige Denkgebilde vor, Denkgestalten mit Lücken, und von der Gestalt gehen starke Tendenzen zur Schließung dieser Lücken aus. Die Frage verlangt also von sich aus nach und treibt zu der Antwort. Wie und ob die Lücke geschlossen werden kann, das hängt meist nicht nur von der Frage, d. h. von der „offenen" Gestalt allein ab. Ja, man kann extrem die Fälle unterscheiden, wo die Lücke „zuwächst" und wo sie „zugestopft" wird. Hier erfolgt eine Fortsetzung des Gebildes über die Lücke hinaus, die ihrerseits Schließungscharakter hat, die aber ganz und gar nicht von der lückenhaften Gestalt aus bestimmt ist. Ein grobes Beispiel: „Warum wird es nach Sonnenuntergang dunkel?" „Weil die Nacht kommt." dass die Gestalt der Frage nicht wirklich geschlossen ist, bemerkt der, der sich mit dieser Antwort zufriedengibt, deswegen nicht, weil die Antwort in ihrer Form Schließungscharakter besitzt.

Die Schließung kann auch mehr oder weniger vollständig sein: „Warum gibt es heute Fisch zu essen?" „Weil der Hauptmann

IV. GEDÄCHTNIS UND DENKEN

Geburtstag hat." Wenn der Frager sich dabei beruhigt, so ist durch die Antwort, so wie sie dasteht, die Lücke noch nicht geschlossen, denn es fehlt die Fuge, in der die Antwort in die Frage greift, man sieht den Zusammenhang nicht. Aber solche Antworten wirken oft so verblüffend, weil sie 1. Schließungscharakter haben, 2. wenigstens der Möglichkeit nach zur offenen Gestalt passen und endlich 3. sich nach außen in verschwommener Weise verbreitern, sodass die Lücke zwar nicht geschlossen, aber „verschmiert" wird. Und das erklärt, warum es oft so schwer ist, Fragen zu sehen, d.h. Lücken wirksam zu machen: Ist eine Gestalt unscharf umrissen, nach außen mehr oder weniger verschwommen, so entsteht keine scharfe Lücke, es sind dann die Löcher verschmiert.

Sollten die letzten Ausführungen hauptsächlich Anregungen geben für eine spätere Denk-Psychologie, so wird das Gesetz, zu dem wir uns jetzt wenden, anstelle eines alten Gesetzes zu treten haben. In den Denk-Gestalten finden wir nämlich noch eine Gesetzmäßigkeit, die in den Wahrnehmungs-Gestalten schon andeutungsweise enthalten ist: Das ist das Gesetz der Gestalt-Ergänzung. Jedes Glied einer Gestalt hat die Tendenz, sich zur ganzen Gestalt zu ergänzen, wobei die Schärfe des Umrisses und die Gliederung noch ganz dahingestellt bleiben. Man darf nicht einfach sagen, jedes Vorstellungselement hat diese Tendenz; denn es kommt darauf an, dass das Phänomen, von dem die Ergänzung ausgeht, schon an sich den Charakter trägt, den es als Glied der Gestalt gehabt hat. Es ist von vornherein falsch, zu fragen: Welche Reproduktion wird die Vorstellung (das Wort) Holz hervorrufen? Denn Holz ist nur als Laut ein und dasselbe; phänomenal kann es unzählig Verschiedenes sein, und je nachdem wird sich die Gestaltergänzung wirksam machen: Entweder zum „Phantasus" und den übrigen Werken des Dichters oder zu Joh. Schlaf oder zum Kaminfeuer u. dgl. Es ist aber nicht so, dass Holz als Heizmaterial den Johannes Schlaf reproduzieren könnte, mag diese Vorstellung auch durch andere Kräfte noch so nahegelegt sein. Will man den Gedankengang eindeutig beeinflussen, so kommt es also zuerst darauf an, ein Phänomen als Glied eines bestimmten Gebildes eindeutig festzusetzen, nicht aber summativ viele Hilfen der Reproduktion zu schaffen. Um auf die im vorigen Kapitel beschriebenen Versuche von Lewin zurückzukommen: Die „Tätigkeit", die von einer Vorstellung zur nächsten führt, braucht nicht von außen an die Vorstellung herangebracht zu sein, sondern kann aus ihrer Eigenschaft selbst folgen. Ich sehe im Vorbeigehen eine große Fotografie einer Gebirgslandschaft in einem Schaufenster: Das kann meinen Gedankengang entscheiden; ohne jede Vornahme, mich meiner Erinnerung hinzugeben, kann es das Bild der Landschaft bewirken, dass mir eigene Erlebnisse in dieser Landschaft einfallen. Denn diese Landschaft kann gleich als die mir vertraute, mir ans Herz gewachsene, erscheinen und sich so zu größeren Erinnerungsgestalten ergänzen. Aber auch wo das sich ergänzende Phänomen als Glied eines großen Gesamtverlaufs auftritt, ist es keineswegs immer so, dass nun der Weg, auf dem der Fortschritt, erfolgt, vorher völlig festgelegt ist, wie in den Versuchen von Lewin. Vielmehr bewirkt die dynamische Gestalt des Ablaufs, die „Tätigkeit" gerade den entscheidenden „Gliedcharakter" des Phänomens, von dem die Ergänzung weitergeht. Oft wird freilich auch schon die vorhandene Dynamik in die gleiche Richtung zielen. Ein Beispiel: In einer ökonomischen Überlegung komme ich auf Asche, und nun geht der Gedankengang weiter auf die chemische Zusammensetzung von Asche. Denke ich über Werden und Vergehen nach, so wird mir einfallen, was alles zu Asche werden muss. Es ist falsch zu sagen, an die gleiche Vorstellung, z. B. die Wortvorstellung, habe ich in den zwei Fällen verschiedene Reproduktionen angeschlossen. Vielmehr war Asche in beiden Fällen selbst etwas Verschiedenes, und der verschiedene Fortgang entspricht dieser Verschiedenheit. Im ersten Fall ist die spezifische Bestimmtheit von Asche selbst ganz vorwiegend für das Weitere bestimmend — ich mag vorher an Brennmaterialien gedacht haben, und dabei mag mir nacheinander Holz, Kohle, Torf, Öl eingefallen sein, aber nirgends die Richtung auf die Zusammensetzung, im zweiten ist dagegen schon der ganze bisherige Denkverlauf für die Gestaltergänzung mitbestimmend.

Die Gestaltergänzung kann freilich versagen, d. h., die Gestalt kommt nicht in dem Umfang oder der Fülle und Gegliedertheit zustande, wie wir es wünschen. Dann wird man versuchen, neue Ausgangsglieder zu finden, die zu ihrer Gestaltergänzung auf das gleiche noch fehlende Glied führen, oder man wird die Ergänzung der ersten Gestalt nach den übrigen Richtungen hin so vollständig machen wie möglich, denn je kleiner eine Lücke noch ist, im Verhältnis zum ganzen, um so leichter lässt sie sich schließen. Man sieht, dies Gesetz tritt an die Stelle des alten Assoziationsgesetzes. Es umfasst die gleiche Tatsache, ohne sie auf dem Wege der sinnlosen Zusammensetzung umzudeuten.

4. Schöpferisches Denken. Intelligenz

Wir haben gesehen, dass im Denken neue Gebilde entstehen können. Die Frage nach den Gesetzen dieses Vorgangs ist prägnant das Problem des schöpferischen Denkens. Wir behaupteten: Wenn das Kind eine neue Denk-Gestalt kapiert, so kommt in ihm eine Gestalt zustande, die es vorher nicht besessen hat. Daraus folgt: Wenn ein großer Geist zum ersten Male einen großen Gedanken fasst, dann entsteht ein Gebilde in der Welt, das es vorher noch nicht gegeben hat, dann ist die Welt selbst reicher geworden. Gemeinsam ist beiden Fällen, dem einfachen, sich täglich wiederholenden, und dem seltenen epochalen, das Entstehen neuer Gebilde. Wie geht das vor?

In einem Käfig steht ein dürrer Baum, vor dem Käfig, über Armeslänge entfernt, liegt eine Frucht. Wir lassen einen Schimpansen in den Käfig. Was wird er tun? Nun, sobald er die Frucht bemerkt, wird er ans Gitter eilen und hinauslangen. Vergeblich. Was wird er nun beginnen? Tiere, die gewöhnt sind, Früchte mit einem Stock heranzuziehen, werden jetzt umherlaufen und einen Stock suchen. Auch dies ist vergeblich. Was nun? Ein Tier wird die Sache aufgeben, wird sich etwa am Fuße des Baumes niederlassen und sehnsüchtig nach der Frucht blicken. Ein anderes dagegen wird plötzlich auf den Baum zulaufen, einen Ast abbrechen und damit die Frucht heranholen. Was ist da passiert? Sowohl für das erste Tier wie für das zweite waren da die Frucht und der Baum, beide kannten auch die Stockverwendung, aber das eine kann sich helfen, das andere nicht. Die aufgezählten Bedingungen können also nicht genügen? Anders ausgedrückt: Stock haben wollen und Baum mit Ästen und Frucht, die man haben will, ist nicht das Gebilde, das dem Tier aus der Klemme hilft. Nur für das zweite Tier ist ein Stock da, für das erste nicht. Die Leistung besteht also darin, dass der „Ast" zum „Stock" wird, dass ein Ding, das Glied einer sehr festen Gestalt ist (des Baumes), sich aus dieser löst, um in eine andere Gestalt (Brücke zur Frucht) hineinzuspringen. Wir haben hier eine typische Neuleistung. Noch nie ist für das Tier so ein Ast Stock geworden, hier wird er's zum ersten Male. Eine offene Gestalt, der Weg zur Frucht, holt sich ihre Schließung aus einer anderen geschlossenen Gestalt, und das geschieht dadurch, dass ein Glied dieser Gestalt einen Umwandlungsprozess erfährt. Die Hauptleistung ist hier dieser Umwandlungsprozess. Ist er gelungen, so vollzieht sich alles weitere aufgrund der schon bestehenden Gestalt (Stockgebrauch) von selbst, ein Sachverhalt, dem wir im menschlichen Denken bald wieder begegnen werden. Das erste Tier hat diese Leistung nicht vollbringen können, obwohl die Versuchsbedingungen die gleichen waren; ihm blieb Ast Ast. Also müssen die Systembedingungen des Tiers selbst anders gewesen sein. Es war ein „dummes" Tier. Dumm nennen wir ein Verhalten, das eine Leistung, für die alle Bedingungen gegeben sind, nicht vollbringt. Ja, nachher möchte es uns oft scheinen, als ob die ganze Welt furchtbar dumm gewesen ist, wenn plötzlich ein Großer eine neue Leistung hervorgebracht hat. Nachher sieht nämlich die Lösung meist leicht aus, daher die Dummheit groß, vorher war's umgekehrt. (Triviales Beispiel: Das Ei des Kolumbus.) Wenn's einer gemacht hat, können's alle. Das scheint selbstverständlich, ist aber nicht einmal richtig. Das Vormachen ist vielmehr nur eine weitere Bedingung dafür, dass nun auch in den Individuen, die bisher versagt haben, das Gebilde entsteht; diese Zusatzbedingung wird in der Tat sehr oft den gewünschten Erfolg haben. Aber auch dann ist eine gewisse Beschaffenheit der System-Bedingungen nötig. Ist mit dem klugen Schimpansen zusammen ein anderer sehr dummer im Käfig oder ein Vertreter

IV. GEDÄCHTNIS UND DENKEN

einer niederen Spezies, so wird ihm der Erfolg des klugen gar nichts nützen, er wird, allein gelassen, der Aufgabe gerade so ratlos gegenüberstehen wie vorher. Analog: Jeder wird sich an Fälle erinnern, in denen ihm etwa ein mathematischer Beweis lückenlos vorgeführt wurde, er ihn aber nicht verstand, bis dann plötzlich das Verständnis aufblitzte.

Kehren wir zu dem Schimpansenversuch zurück, den wir aus der Fülle der Prüfungen ausgewählt haben, die Köhler in Teneriffa durchgeführt hat. Wir verfolgen ihn nach rückwärts; wie haben die Tiere die Stockverwendung gelernt? Nun, hier waren die Bedingungen wie im ersten Versuch, nur dass statt des Baumes Stöcke im Käfig vorhanden waren. Dann kam jedes Tier dazu, und zwar ohne blindes Probieren, den Stock in angemessener Weise zu gebrauchen. Wieder ist es der gleiche Vorgang. Es besteht die offene (Wunsch-)Gestalt der Fruchterlangung. Ihr zufolge wird aus einem Stock, d. h. einem bis dahin gleichgültigen Ding, oder „einem Ding zum Spielen" oder „zum daran Beißen", eine „Brücke", ein „Werkzeug", d. h., der Stock springt in die offene Gestalt hinein. Dass das wirklich so ist, dafür gibt es mehrere Hinweise: Es ist zunächst zum Gelingen des Versuchs erforderlich, dass Stock und Frucht gleichzeitig erblickt werden können. Man kann (im Anfang) dem Stock seine Brückenfunktion rauben, wenn man ihn auf die entgegengesetzte Seite legt, sodass das Tier nur entweder Stock oder Frucht auf einmal sehen kann. Auch dann aber weiß sich ein Schimpanse zu helfen: Er sucht sich einen Stockersatz, d. h. er benutzt nun Dinge, die er früher nie verwendet hat, ein Stück Draht, Strohhalme, eine alte Hutkrempe u. dgl., während er den Stock, den er bisher immer verwendet hat, nicht benutzt, weil er ungünstig, im eben angegebenen Sinn, liegt. Das zeigt wieder: es handelt sich nicht um eine äußere Verbindung von Frucht und Stock, um eine „Assoziation", sondern es ist das Gebilde Greifwerkzeug entstanden, und infolge der ihm entsprechenden Gestaltdisposition erhalten jetzt auch ganz neue Dinge diese Funktion.

Der Umwandlungsprozess, der in den genannten Fällen von den Tieren geleistet wird, hat aber noch eine andere Seite: Er ist sinnvoll, die Veränderung erfolgt sachlich richtig, im Sinn der

4. Schöpferisches Denken. Intelligenz

ganzen „Feldstruktur". Der Stock, mit dem das Tier alles Mögliche anfangen könnte, wird gerade so benutzt, wie es die Gesamtsituation verlangt. Dies aber ist ein Verhalten, das wir als einsichtig, als intelligent bezeichnen. Danach ist Intelligenz nicht erst ein Besitz menschlichen Geistes. Diese Folgerung, die Köhler aus seinen Versuchen zieht, ist mehrfach angegriffen worden (Bühler, Lindworsky); ich habe an anderer Stelle gezeigt, dass diese Angriffe ihr Ziel nicht erreichen, und beschränke mich hier auf diesen Hinweis. Handelt es sich aber, so möchte man fragen, hier um Denk-Gestalten? Geht nicht alles in der Wahrnehmung vor sich? Zweifellos ist das so, aber das zeigt nur, dass Denken und Wahrnehmen nicht als zwei verschiedene Fähigkeiten der Seele nebeneinanderstehen, wie wir das schon mehrfach betont haben. Gerade diese Versuche zeigen auch wieder, dass die Abgrenzung der Denk- und Wahrnehmungsgestalten nicht streng möglich ist. Denn wenn auch hier alles, oder doch das meiste in der Wahrnehmung vorgeht, so sind doch diese Leistungen Grundlagen, aus denen sich Denk-Gestalten, wie z. B. der Werkzeuggedanke, entwickeln. Die Köhlerschen Versuche gestatten noch ein weiteres Eindringen in diese Gestalten. Es lassen sich Typen von Leistungen unterscheiden von charakteristisch verschiedener Schwierigkeit, die man meist nicht hätte Voraussagen können, es lässt sich erkennen, von welchen Faktoren das Gelingen oder Misslingen abhängt, und hier zeigen sich, wie schon aus dem Stockbeispiel ersichtlich, optisch räumliche Faktoren von entscheidender Wichtigkeit. Man kann jedem Typus von Leistung einen Typus von Dummheit zuordnen. Darüber noch ein Wort: Nicht jeder Fehler, den ein Tier bei der Lösung einer Aufgabe begeht, ist dumm. Es gibt Fehler, die Handlungen sind in Rücksicht auf einen großen und wesentlichen Teil der Feldstruktur, nur nicht auf die ganze. So, wenn ein Tier, das auf einer Kiste stehend eine hoch aufgehängte Frucht nicht erreichen kann, die Kiste in Kopfhöhe gegen die Wand stemmt. Typisch dumme Fehler sehen ganz anders aus: Ein Tier hat wochenlang Kistenversuche gemacht, d. h. mit Hilfe von Kisten hochgehängte Ziele erreicht. Jetzt liegt die Frucht vor dem Käfig auf dem Boden: Wieder holt es eine Kiste. Hier also ist die Handlung nicht durch die Feldstruktur bedingt, sondern durch

IV. GEDÄCHTNIS UND DENKEN

die Stärke der Gestaltdispositionen, die aus der ständigen Wiederholung hervorging. Wir erinnern an die früher (Kap. III, §4 S. 57) beschriebenen latenten Einstellungen, und wir sehen, dass häufige Wiederholung oft sehr schädlich wirken kann, indem das gegenseitige Verhältnis von äußeren und inneren Bedingungen ungünstig verändert wird. Die Psychologie hat häufig den Wert der Gewohnheit überschätzt, Gewohnheit kann eine Quelle extremer Dummheit werden.

Wie steht es nun mit dem menschlichen produktiven Denken? Man ist von der Logik her gewohnt, alles weiterkommende Denken als „Schließen" zu bezeichnen. Was geht in einem guten Schluss vor? Diese Frage hat in einer für Logik und Psychologie gleich wichtigen Arbeit Wertheimer in Angriff genommen, und zwar an der Hand des berühmten modus barbara, des Schlusses vom sterblichen Caius. Das Schema dieses Schlusses in der Logik lautet: MP, SM, SP, Ober-, Unter- und Schlusssatz sind allgemein bejahend. Hier scheint für produktives Denken überhaupt keine Möglichkeit zu bestehen: Denn wenn ich feststelle, dass alle M P sind, dann muss ich dabei auch schon das Exemplar S untersucht haben, da ja der Untersatz aussagt, dass S ein M ist; der Satz: S ist P ist also gar nichts Neues. Dabei ist vorausgesetzt, dass das S in der ersten Feststellung und das in der zweiten dasselbe S sind; eine Voraussetzung, die in der Logik stets gemacht wird. Denn dort pflegt man stets den vollständig definierten Gegenstand mit allen seinen Merkmalen zu meinen. Wie aber, wenn das objektiv identische S in den beiden Fällen in ganz verschiedener Funktion aufträte? Ein prägnantes Beispiel: Ich suche einen zu der Arbeit A gehörigen Zettel und kann ihn nicht finden. Ich habe, das weiß ich, alles zur Arbeit B Gehörige verbrannt. Plötzlich fällt mir ein, der Zettel zur Arbeit A, den ich suche, gehört ja auch zur Arbeit B, also ... D. h., der gesuchte Zettel tritt in zweierlei Gestalt auf, einmal als Stück von A, das andere Mal als Stück von B. Als solches kenne ich seinen Verbleib, als jenes aber nicht. Es muss also, und das ist die Leistung, der A-Zettel zum B-Zettel werden, es muss eine Umwandlung vor sich gehen, die, sachlich bedingt, zur Lösung führt. Wir sehen die große Verwandtschaft zu den Schimpansenleistungen: der

4. Schöpferisches Denken. Intelligenz

Ast ist nach der toten Logik ein Stock, da er alle Stockmerkmale besitzt — er ist für den Schimpansen zunächst kein Stock, sondern ein Ast, er muss daher erst zum Stock werden, wie der B-Zettel zum A-Zettel.

Dass auf diese Weise in einer durch den modus barbara darstellbaren Form wichtigste neue Erkenntnisse gewonnen werden können, ist klar. Sehr schlagende Beispiele liefern mathematische Umformungen. Folgendes Beispiel entnehme ich wieder der Arbeit von Wertheimer: Ist 1.000.008 durch 9 teilbar? (Die Quersummenregel sei nicht bekannt, probieren verboten.) Nun: 1.000.008 = (1.000.000 − 1) + (8 + 1) = 999.999 + 9, also! Dass 999.999 durch 9 teilbar ist, wusste ich vorher, ebenso, dass ich 1.000.008 in der obigen Weise zusammensetzen kann. Aber ich wusste nicht, dass 1.000.008 durch 9 teilbar ist. Ganz krass: Ich wusste, dass 999 ... + 9, nicht aber, dass 100 ... +8 durch 9 teilbar ist. 10.008 ist aber zunächst alles mögliche andere, in erster Linie 1.000.000 + 8 und nicht 999.000 + 9. Ich konnte also nichts über seine Teilbarkeit durch 9 wissen. Erst die Verwandlung bringt die Lösung. Und wieder gerade wie bei den Schimpansen-Leistungen: Die Umwandlung ist nicht zufällig, nicht beliebig, sondern durch die Aufgabe selbst gefordert. Der ganze Vorgang als Vorgang, also als psychologisches Geschehen, nicht nur als logisches Gebilde, ist sinnvoll. Ja, das logische Gebilde kann trotz vollkommener Richtigkeit sinnlos sein. So der Schluss: Alles, was aj in seinem Namen hat, ist sterblich, Cajus hat aj in seinem Namen, also ist Cajus sterblich. Man sieht an diesem Gegenbeispiel, wie viel Sinn selbst noch in dem trockenen Schulschluss vom alten Cajus steckt.

Diese Überlegungen führen in die Theorie der Erkenntnis selbst hinein. Und auch von hier aus verwischt sich die Grenze zwischen rein erkenntnistheoretischer und „bloß" psychologischer Betrachtungsweise.

V. Wollen und Handeln

1. Die einfachsten Reaktionsformen

Wahrnehmen und Denken, betrachtet als Prozesse, die unter äußeren und inneren Bedingungen stehen, haben im vorangehenden ihre Verwandtschaft erwiesen. Aber weder Wahrnehmen noch Denken sind „Reaktionen" des Individuums in dem Sinn, dass das Individuum sich stets aufs Neue mit der Natur ins Gleichgewicht zu setzen versucht, sich erhält, sich der Natur und die Natur sich anpasst. Wir haben bisher fast durchweg so geredet, als ob der Organismus bloß aus einem Sensorium, Sinnesorgan und Gehirn, bestünde. Wäre das so, so wäre er rettungslos den Angriffen der Natur ausgesetzt. Aber der Organismus hat noch Glieder und Muskeln, die vom Zentralorgan regiert werden, und die ständig eine Veränderung des Individuums im Verhältnis zu seiner Umwelt bewirken. Ich kann davonlaufen oder angreifen. Was ich tue, ist davon abhängig, was in meiner phänomenalen Welt vorgeht. Das Handeln hängt vom Wahrnehmen und Denken ab, aber auch umgekehrt das Wahrnehmen vom Handeln, denn durch meine Handlungen ändere ich ja meine Wahrnehmungen. Hier besteht engste Wechselwirkung, es ist eine künstliche Zerlegung, wenn man diese Gebiete voneinander trennt; in Wahrheit hängen sie zusammen, nicht so wie zwei Balken, die man durch einen Strick verbunden hat, sondern ebenso wie Arme und Beine, d. h., sie gehören alle zum selben großen Ganzen. Nicht umsonst haben wir früher die Begriffe inneres und äußeres Verhalten eingeführt, um diese Einheit hervorzuheben. Hier taucht die Frage nach der Art des Zusammenhangs auf: Inwiefern ist er nicht der des Stricks? Sehen wir doch, dass mindestens für die Reflexe durchaus diese Annahme allgemein gemacht wurde und in der streng mechanistischen Theorie schließlich für alle, auch die höchsten Handlungen. Überall ist nach ihr der Zusammen-

1. Die einfachsten Reaktionsformen

hang äußerlich, sinnfremd, durch angeborene oder infolge von Wiederholungen (und Lust) erworbene Bahnen bestimmt.

Sehen wir zu, ob diese Theorie den Reflexen gerecht wird. Schon sehr früh beobachtet man, dass Kinder den Kopf gegen eine Schallquelle drehen, und zwar mit reflexartiger Sicherheit. Wie soll man das erklären, welche Eigenschaften des Vorgangs der Schallperzeption sind es, die diese Bewegung auslösen, und wie kommt die Auslösung zustande? Wir können durch das frühe Lebensalter, in dem diese Beobachtungen, die bis in die Mitte des zweiten Lebensmonats zurückgehen, gemacht werden, ausschließen, dass das Kind etwa zuerst den Schall gehört habe und nun willkürlich den Kopf ihm zuwende. Der Schall muss also selbst die Ursache der Bewegung sein, aber wie? Es ist klar, dass die gleiche Reiz-Eigenschaft die Kopfdrehung bewirken muss, die auch für den Richtungseindruck verantwortlich ist. Diese kennen wir durch die Entdeckung von v. Hornbostel und Wertheimer recht genau, soweit die Lokalisation nach rechts und links von der Mediane in Betracht kommt: Fällt ein Schall von der Seite ein, so erreicht er das eine Ohr früher als das andere, und diese Zeitdifferenz ist der Reiz für den akustischen Richtungseindruck. Man kann das am einfachsten dadurch beweisen, dass man den Schall durch eine vergabelte Leitung schickt, deren zwei in ihrer Länge veränderliche Äste gesondert zum rechten und linken Ohr führen. Sobald man die eine Leitung gegenüber der anderen verkürzt, wandert der Schall nach der entsprechenden Seite aus. Ein direkt von vorne (oder von hinten) kommender Schall trifft beide Ohren gleichzeitig. Wende ich also meinen Kopf in die Schallrichtung, auf den Schall zu, so verändere ich den Reiz derart, dass die Ohren, die vor der Wendung zu verschiedenen Zeiten erregt wurden — es handelt sich um sehr kleine Zeitunterschiede, messbar in Hunderttausendsteln einer Sekunde — nachher den Schall gleichzeitig empfangen. Der Erregungsvorgang, der in dem Hirn-Gebiet abläuft, das von den beiden Ohren aus erregt wird, ist also zweifellos nach der Kopfwendung einfacher als vorher, da jetzt die Einzelerregungen, rechts und links, von denen die Gesamterregung abhängt, vollkommen übereinstimmen, während sie vorher zeitlich gegen-

V. WOLLEN UND HANDELN

einander verschoben waren. Die Kopfbewegung, Richtung auf den Schall zu (ebenso von ihm fort, wie beim Entfliehen vor einem nur hörbaren Feind), ändert also die Reizbedingungen so, dass die sensorischen Prozesse maximal vereinfacht werden. Betrachten wir das Geschehen als Ganzes, sensorisches und motorisches als eine Einheit, so finden wir in ihm jene Tendenz zur Einfachheit wieder, die wir als Gestalt - Gesetz früher kennengelernt haben. Das würde also besagen: Die Kopfbewegung gegen den Schall zu sei nur ein Spezialfall des Gesetzes der Einfachheit. Freilich liegt der Fall etwas anders als vorher, wo wir die Sphäre des Sensorischen nicht verließen. Dort blieben die Reiz-Bedingungen konstant, nur die sensorische Gestalt wurde so einfach, wie es diese Reiz-Bedingungen gestatteten. Jetzt hat der Organismus aber auch die Möglichkeit, die Reiz-Bedingungen selbst zu ändern, und auch dies geschieht nach dem gleichen Gesetz.

Einen analogen Prozess gibt es auf optischem Gebiet: Halte ich vor ein Auge ein stark brechendes Prisma, während das andere unbewehrt bleibt, so sehe ich die Dinge doppelt; wenn ich aber eine Serie von Prismen habe, die, mit sehr schwacher Brechung beginnend, allmählich immer stärkere Brechung besitzen, so kann ich es erreichen, indem ich kontinuierlich die Serie langsam vor den Augen vorüberziehe, dass auch noch bei dem stärkst brechenden Prisma, bei dem ich vorher doppelt sah, keine Doppelbilder auftreten. Das kommt daher, dass jede der kleinen Verschiebungen, die das Netzhautbild durch Vorsetzen zunächst des schwächsten, dann der nächsten Prismen usf. erfährt, sofort durch eine Gegenbewegung des Auges ausgeglichen wird. Durch diese „Fusionsbewegung" wird wieder erreicht, dass korrespondierende Netzhautpartien gleich gereizt werden, dass also der Prozess in dem Vereinigungsgebiet möglichst einfach wird.

Diese Augenbewegungen sollen uns nun aber zeigen, wie man sich die Sache bisher vorgestellt hat. Wir greifen die Fixations-Bewegungen heraus, die schon sehr früh funktionieren, denn schon von der dritten Woche an kann man beobachten, wie Kinder ihre Augen auf einen in der Seite ihres Gesichtsfeldes erscheinenden auffälligen Gegenstand zu drehen. Dies erklärte man durch ein außerordentlich kompliziertes Netz von Verbindungen zwischen Sehnervenfasern und den Augenmuskelnerven, da von jeder Netzhautstelle her ja eine andere Innervation ausgelöst werden muss, um die Augen zur Fixation zu bringen. Diese Erklärung lässt sich als unzureichend erweisen, sie setzt voraus, dass die Augenbewegung, die erfolgt, um ein seitliches Objekt zu fixieren, allein durch das seitliche Objekt bzw. den seitlichen Netzhautpunkt bestimmt ist — während sie in Wahrheit auch noch von der Stellung der Augen selbst abhängt. Ferner wäre völlig unerklärlich, wie in der Stammesentwicklung ein so kompliziertes Netz sich je hätte ausbilden können. Endlich hat Marina durch einen Versuch diese Theorie direkt widerlegt: Er zerschnitt bei Affen die äußeren und inneren Augenmuskeln und vernähte die freien Enden verkreuzt. Nach der Heilung müsste also der Affe, wenn ein Objekt rechts auftauchte, nach links blicken, da ja der durch die Verbindungsbahn innervierte Muskel jetzt auf der falschen Seite angreift. Aber nichts dergleichen trat ein. Sobald die Wunde vernarbt war, erfolgten die Augenbewegungen völlig normal.

Denken wir jetzt an die Kopfwendung zur Schallquelle. Hier ist eine Verbindungshypothese schon sehr viel schwerer auszudenken, während sich unsere Theorie zwanglos aus dem Tatsachenmaterial ergab. Es liegt daher nahe, sie auch auf die Augenbewegungen auszudehnen, für die sie Köhler zuerst ausgesprochen hat. Auch bei den Augenbewegungen ändert das System seine eignen Bedingungen, und das muss, aus rein physikalischen Gründen, im Sinn maximaler Einfachheit geschehen. Diese Einfachheit war in unserem akustischen Beispiel und bei den Fusions-Bewegungen leicht zu verstehen. Wie aber ist es bei der Fixation? Das somatische Sehfeld ist kein homogenes Gebiet, sondern es hat einen ausgezeichneten Punkt, einen natürlichen Schwerpunkt, ungefähr in der Mitte, entsprechend der Zentralgrube der Netzhaut. Erscheint nun seitlich ein auffallendes Objekt, so wird dadurch das Gleichgewicht gestört, das Gewichtige sitzt nicht im Schwerpunkt. Fixation heißt dann nichts anderes, als dass das Gleichgewicht hergestellt wird, dass das Gewicht in den Schwerpunkt rückt. Zur Stütze dieser Theorien kann man auch noch anführen, dass, wie vor langer Zeit Exner beobachtet hat, ein einzelner Leucht-Punkt im Dunkeln beliebig lange fixiert werden kann, während unter normalen Bedingungen lange Fixation sehr peinlich ist, und dass nach dem allgemeinsten Gesetz unserer Augenbewegungen, dem von Hering aufgestellten Gesetz des größten Horopters[9], sich die Augen so bewegen, dass ein Minimum von Doppelbildern entsteht. Der Zusammenhang ist durch unsere Betrachtung der Fusionsbewegungen klar.

Diese Überlegung lehrt Folgendes: Es gibt „zweckmäßiges" Geschehen, das nicht auf festen Verknüpfungen beruht, also nur sozusagen zufällig zweckmäßig wäre, das aber andererseits zu seiner Erklärung keiner vitalen, nicht physikalischen, Kräfte bedarf. Wieder zeigt sich, dass in der Natur Sinnvolles geschehen kann, ohne dass der Sinn ein bloßer Schein ist, noch dass er auf übernaturhaften Kräften beruht. Schließlich folgt: Auch die Bewegungen, die wir Reflexbewegungen nennen, sind als gestaltete Verläufe anzusehen, als Teile größerer Gestalten, zu denen auch sensorische Komponenten gehören.

2. Die Instinkt-Handlungen und die Affekte

Man setzt sich ungern, zumal allein, in fremdem Raum mit dem Gesicht zur Wand, sondern sucht sich eine „gemütliche Ecke". Den Menschen, und nicht weniger den Schimpansen, treibt es zu Artgenossen; der aus seiner Gruppe isolierte Schimpanse drängt mit aller Macht zu ihr zurück. Kommt etwas Drohendes auf uns zugestürzt, so laufen wir entweder voll Entsetzen davon, oder wir stellen uns ihm wütend entgegen. Was ist der Grund solcher Handlungen? Man sagt sofort leichthin: „das ist instinktiv" und glaubt damit eine Erklärung zu haben. In Wirklichkeit hat man damit aber nur gesagt: Diese Handlungen geschehen nicht mit Absicht oder Überlegung, sondern längst, ehe es zur Absicht kommt, ja oft dem Vorsatz entgegengesetzt,

---

9 Der **Horopter** ist eine Fläche im Sehbereich, dessen Punkte bzw. Objekte bei einer festen Augenstellung in beiden Augen auf korrespondierende Stellen der Netzhaut abgebildet werden.

2. Die Instinkt-Handlungen und die Affekte

sind diese Handlungen schon im Gang. Was sonst noch gewöhnlich beim Wort „instinktiv" mitschwingt, ist mehr oder weniger verschwommen. In der Wissenschaft ist es üblich (oder war es zumindest in der Vergangenheit), so verschiedene Handlungen wie das Saugen des Neugeborenen, den Nestbau der Vögel und die so erstaunlichen Leistungen der Insekten als Instinkthandlungen (angeborenes Verhalten) zu bezeichnen.[10] Gemeinsam ist allen, dass sie zum Erbgut der ganzen Art gehören und für die Art und das Individuum von vitaler Bedeutung sind. Beide Eigenschaften teilen sie mit den Reflexen, von denen sie sich äußerlich vor allem durch die größere Kompliziertheit und durch die Aktivität unterscheiden. Es gibt aber Fälle von Reaktionen, die man ebenso leicht zu den Instinkten wie zu den Reflexen rechnen kann, ein Zeichen, dass die Abgrenzung der zwei Typen in scharfer Form nicht gelungen ist. Es lag daher nah, so wie es zuerst Spencer getan hat, die Instinkte als Kettenreflexe aufzufassen, d. h. als eine Reihe von aufeinanderfolgenden Reflexen, wobei der Reflex nach dem Verbindungsprinzip aufgefasst wurde. Nachdem wir diese Theorie durch eine völlig andere ersetzt haben, können wir auch die darauf aufgebaute Instinkt-Theorie nicht übernehmen.

Wir versuchen, die Instinkthandlungen noch genauer zu schildern. Da finden wir, dass diese Handlungen ohne jede Erfahrung ausgeführt werden, so lange, bis ein bestimmter Erfolg erreicht ist, ohne dass das Tier von dem Erfolg vorher auch nur das geringste wissen kann.

Die Handlung ist der Situation durchweg angepasst, nicht nur durch sie veranlasst, denn sie verändert sich, innerhalb gewisser Grenzen, mit der Situation: Was für Gegenstände ein Vogel zum Nestbau holt, wie weit er in jedem Fall fliegt, das hängt davon ab, was für Dinge in seiner Umgebung vorhanden sind, und wo sie liegen. Also nicht etwa werden in dieser instinktiven Handlung serienmäßig festgelegte Bewegungen vom Tier ausgeführt, sondern es wird auf ein bestimmtes Ziel

---
10 Der Begriff „Instinkt" wird in der heutigen Psychologie immer weniger verwendet. Stattdessen spricht man von „**angeborenem Verhalten**". Der Austausch des Begriffs ändert jedoch nichts an den zugrunde liegenden Fakten. Im Folgenden bleiben wir deshalb beim früheren Begriff „Instinkt".

hingearbeitet. Sehr wichtig ist nun der Bereich, in dem die Situation veränderlich sein darf, ohne die Instinkthandlung zu stören. Wir verdeutlichen das an den trefflichen Beobachtungen von H. Volkelt. Eine Radspinne zeigt ein ungeheuer angepasstes Verhalten, das in großem Bereich mit der Situation und dieser gemäß variiert. Sie sitzt in ihrer Wohnung auf der Lauer, den Leitfaden in der Hand. Sobald sich ein Opfer im Netz gefangen hat, stürzt sie dorthin, tötet es und schleppt es in die Wohnung, um es dort zu verzehren. Fängt sich, während sie noch bei der Mahlzeit ist, ein zweites Tier im Netz, so verlässt sie ihr Mahl, eilt zu der neuen Fangstelle, tötet das Opfer, schleppt es aber nicht gleich in die Wohnung, befestigt es vielmehr an Ort und Stelle, kehrt zu ihrem Mahl zurück und holt das neue Opfer erst, wenn das alte gehörig ausgesogen ist.

Fängt sich aber einmal ein Opfer nicht im Netz, sondern in der Wohnung der Spinne selbst, also unmittelbar in ihrer Nähe, sodass sie sich den langen Weg ins Netz und zurück sparen könnte, so sieht ihr Verhalten völlig anders aus. Diese Situation liegt nicht mehr in dem Bereich von Veränderungen, denen ihr Verhalten sich anpasst. Jetzt reagiert sie statt mit Angriff mit Flucht. — An solchen Fällen wird der Gegensatz zwischen Instinkt- und Intelligenzhandlungen besonders deutlich. Für den Intellekt, der die Sache versteht, eine Erleichterung, für den Instinkt eine Aufhebung der Reaktion.

Versuchen wir der psychologischen Seite des Instinktproblems theoretisch näherzukommen — eine Reihe wichtigster biologischer Instinktprobleme, die freilich zum Teil auch in die Psychologie hineinragen, lassen wir hier außer Betracht. Die Instinkthandlungen sind aktiv: Der Vogel holt sein Nestmaterial, das Männchen wirbt um das Weibchen, das Raubtier lauert auf seine Beute usw., und sie hören erst auf, wenn ein Ziel erreicht ist. Soll man da nicht sagen: Das Tier ist in der Instinkthandlung auf ein Ziel gerichtet? Aber wie kann es das sein, wenn es das Ziel doch nicht kennt? Hier liegt freilich ein Widerspruch, wenn man im ersten Satz das „Ziel" phänomenal auffasst. Aber der Satz braucht phänomenologisch nur zu besagen: Das Tier ist nach vorwärts gerichtet, und seine Bewegtheit hört erst auf, wenn

2. Die Instinkt-Handlungen und die Affekte

objektiv das Ziel erreicht ist. Es entsteht also die Frage: Kann man nach vorwärts gerichtet sein, ohne das Ziel zu kennen, auf das man losstrebt? Diese Frage hat schon Stout mit aller Klarheit bejahend beantwortet. Man kann sich selbst an einer Reihe von Beispielen klarmachen, wie so ein Erlebnis beschaffen ist. Die ersten Töne einer Melodie, auch einer, die ich noch nie gehört habe, sind nicht statische, so seiende Schallphänomene, sondern sind da als „Begonnenes, Fließendes, Weiterfließendes". Die Töne sind zunächst auch noch gar nicht recht „fertig", werden das erst, wenn der Schlusston da ist, der nun wieder eben mit diesem Charakter als Schlussphänomen auftritt. (Wertheimer. — Andere Beispiele in meinen „Grundlagen der psychischen Entwicklung"). Allgemein gesprochen: **Wir müssen im Phänomenalen zwischen Anfangs-, Durchgangs- und Endsituation unterscheiden.**

Nach vorwärts gerichtet sein heißt dann: Anfangs- oder Durchgangsphänomene haben. Es braucht nicht mehr zu heißen: bei relativ passivem Verhalten. Meist aber wird dies nach vorwärts aktiver sein, nicht nur die Phänomene zeigen weiter, sondern ich selbst greife ein, handle, um weiterzukommen. Das heißt: Anfangs- und Durchgangsphänomene fordern zum Handeln heraus, mein Handeln wird durch solche Phänomene hervorgerufen, durch Endphänomene dagegen wird auch meine Handlung gestoppt. Dies alles **verstehen** wir, aber ist das eine **Erklärung**? Warum dieser Natur-Zusammenhang? Und, in Anwendung auf die Instinkt-Handlungen: Wie kommen wir dazu, von Bewusstsein beim Instinkt zu reden und dann gerade solch Bewusstsein zu postulieren?

Verweilen wir zuerst bei der letzten Frage: Wir suchen ihr dadurch näherzukommen, dass wir fragen: **Wie sieht wohl primitivstes Bewusstsein überhaupt aus?** Da beim Säugling die Frage, ob bewusst oder nicht, nach kurzer Zeit hinfällig wird, so beginnen wir mit ihm. Da lehrt die Beobachtung, dass die ersten differenzierten Schallreaktionen gegenüber der menschlichen Stimme, und zwar augenscheinlich gegenüber der sogenannten „Sprachmelodie" erfolgen, dass schon vom Ende des ersten Monats an der Säugling Interesse an menschlichen

V. WOLLEN UND HANDELN

Gesichtern zeigt, dass in der Mitte des ersten Lebensjahres schon der freundliche oder böse Gesichtsausdruck der Eltern das Kind beeinflusst, dass aber die Farbenwahrnehmung, prüfbar durch farbige tote Gegenstände, erst sehr viel später entwickelt wird. Es liegt nahe, daraus den Schluss zu ziehen: „Freundlichkeit", „Unfreundlichkeit" seien sehr primitive Phänomene, primitiver als etwa das Phänomen „blauer Fleck". Wenn man das, was die zwei Arten von Gegebenheiten unterscheidet, als „Ausdruck" bezeichnet, dann hat Scheler also recht, wenn er, aufgrund der Tatsachen, die wir eben mitteilten, den Satz aufstellt: Dass „Ausdruck sogar das Allererste ist, was der Mensch am außer ihm befindlichen Dasein erfasst". (S. o. S. 94.) Wir brauchen uns aber nicht auf den Menschen zu beschränken, nachdem viele Beobachtungen Köhlers das Gleiche für die Schimpansen erwiesen haben. Ich zitiere nur ein besonders charakteristisches Beispiel: „Als ich eines Tages die Maske eines singhalesischen Krankheitsdämons, allerdings ein schauderhaftes Ding, auf Pappe nachgemalt und ausgeschnitten, mir, während ich auf den Tierplatz zuging, plötzlich vor das Gesicht band, war im Nu außer Grande kein einziger Schimpanse mehr zu sehen. Sie rasten wie besessen in eine Kiste hinein, und als ich mich weiter näherte, war es auch mit der Haltung der unerschrockenen Grande vorbei." Es ist nicht das Ungewohnte, das diesen Ausbruch zur Folge hat, sondern das Spezifische, das uns schreckt, und das auch den Singhalesen selbst, als Grausiges erschienen ist, die diese Maske angefertigt haben. Es ist also nicht daran zu zweifeln: Ohne jede vorgängige Erfahrung tritt Ausdruck phänomenal auf, und wieder ohne Erfahrung kommt, bestimmten Gebilden ein bestimmter Ausdruck zu. Anders gesagt: Zu den Eigenschaften gewisser Wahrnehmungsgebilde gehören, ursprünglich sogar, ihren Kern bildend, Merkmale, die wir affektive zu nennen gewohnt sind. Nun meinen wir, Affekte, Gefühle, seien doch rein subjektiv; wo sie in den Dingen zu liegen scheinen, müssten sie von uns in diese eingefühlt worden sein. Dass diese Ansicht den Tatsachen gegenüber nicht zu halten ist, zeigen wohl schon die wenigen Beispiele. Ein Ding ist so gut unheimlich, wie es schwarz ist, ja, es ist noch eher, noch stärker das Erste als das Zweite. Was heißt aber „unheimlich"? Nun, gewiss nicht: Das Ding hat den phänomenalen Charakter: End-Phänomen; vielmehr es ist Anfangs-Phänomen, von dem man fortkommen möchte. Und im äußeren Verhalten: Man scheut vor dem Unheimlichen zurück wie der klügste von Köhlers Schimpansen, der, „vor einem Kasten sitzend, in den ich eben vor seinen Augen und den Deckel weit öffnend ein paar Früchte hineingelegt hatte, zunächst durchaus nicht wagte, seine Hand in ein Loch der Seitenwand hineinzuführen, welches tiefdunkel im hellen Licht erschien, sondern, eben schon dabei, kurz vor dem Loch immer wieder ängstlich zurückfuhr". Gebaren- und Erlebnis-Beobachtung stimmen hier vollkommen überein, wir werden im nächsten Paragrafen auf ihr Verhältnis zurückkommen.

Was für das „Unheimliche" gilt, das gilt für den Ausdruck allgemein: Ausdruck ist Anfangs- oder Durchgangs- oder Endphänomen. Den primitivsten Phänomenen, zu denen wir den „Ausdruck" zählen mussten, müssen wir also auch diese „dynamischen" Charaktere zuschreiben. Und indem Erlebnis- und Gebarens-Beobachtung übereinstimmten, erweist sich ein enger Zusammenhang zwischen diesen phänomenalen Charakteren und den Handlungen. Wenn wir jetzt eine Instinkt-handlung als Ganzes, inneres und äußeres Verhalten, betrachten, so ergibt sich: Sie beginnt mit einem Anfangs-Phänomen, führt durch Durchgangs-Phänomene und endet mit einem Schluss-phänomen; noch schärfer: Die vom Anfangs-Phänomen ausgelöste Handlung wird so lange fortgesetzt, unter ständiger Anpassung an die Bedingungen, bis ein Schlussphänomen da ist. Wir sahen im vorigen Paragrafen, dass Reflex-Bewegungen so erfolgen, dass weniger einfache Prozesse maximal einfach werden, allgemein: In Reflex-Bewegungen wird ein gestörtes Gleichgewicht wiederhergestellt. Wenn wir diesen Gesichtspunkt auf die Instinkt-handlungen anwenden, so heißt das: Anfangs-Charakter ist Störung von Gleichgewicht; Schluss-Charakter seine Wiederherstellung; Durchgangs-Charakter Veränderung in Richtung auf das Gleichgewicht. Und damit haben wir die erste oben aufgeworfene Frage beantwortet: Der Zusammenhang der „dynamischen Charaktere", wie wir kurz sagen wollen, mit den entsprechenden Handlungen ist jetzt nicht nur „verstanden", sondern auch ein Weg zu seiner Erklärung aufgezeigt. Erklären und Verstehen sind wieder nicht zwei völlig getrennte Arten der Erkenntnis, sondern hängen aufs Engste zusammen.

Wir müssen unser Hauptproblem noch weiter verfolgen: Nicht nur die Wahrnehmungs-Phänomene, die während einer Instinkt-Handlung auftreten, haben den Durchgangs-Charakter, auch die Handlung selbst hat ihren phänomenalen Aspekt. Die Richtung nach vorwärts war ja der Ausgangspunkt unserer Überlegungen. Wir ergänzen das jetzt dahin: Diese Richtung hat ihre spezifische qualitative Färbung: Den Affekt. Die Affen, die die Singhalesenmaske sahen, erblickten das Grausige, sie liefen davon, voller Angst, und erst, als sie in der Kiste saßen, fühlten sie sich halbwegs „sicher". Damit ist nicht gesagt, dass dieser Affekt so „subjektiv" erlebt wird, wie wir ihn erleben oder zu erleben glauben, vielleicht unter Umständen auch erleben können. Es ist vielmehr wohl so, dass die Affekte noch viel stärker in der Außenwelt drinsitzen, dass die affektiven und intellektuellen Gegebenheiten noch eng verbunden sind. Dass das für primitive menschliche Mentalität durchweg so ist, hat neuerdings Lévy-Bruhl überzeugend dargetan, und auch Danzel sieht hier ein Hauptmerkmal primitiver Geistigkeit.

Die Theorie der Instinkte führt also von selbst zur Theorie der Affekte. Und damit sind wir zu Gesichtspunkten gekommen, wie sie ganz ähnlich schon lange von Mc Dougall vertreten worden sind. Mc Dougall stellt eine Tabelle zusammen, in der die Instinkte auf der einen, die sie begleitenden Affekte auf der anderen Seite stehen. Ich gebe einige Beispiele:

Flucht-Instinkt — Furcht,

Kampf-Instinkt — Wut,

Schutz-Instinkt — Liebe,

Herden-Instinkt — Gefühl der Verlassenheit, Heimweh.

Instinkt-Handlungen und begleitende Affekte sind sachlich verwandt, nicht äußerlich verkoppelt. Was ich instinktiv tue, das erlebe ich direkt als Affekt.

Für die Theorie der Instinkt-Handlungen haben wir jetzt folgende Feststellungen gemacht: Es gibt für jedes Tier bestimmte äußere und innere Bedingungs-Komplexe, die das Gleichgewicht so stören, dass das Tier auf Grund des ihm angeborenen Systems das Gleichgewicht wiederherstellen kann. Beides gehört zum Instinkt, die Gleichgewichtsstörung so gut wie seine Wiederherstellung. Dafür ein Beispiel: Edinger hebt hervor, dass eine Eidechse, die auf das leiseste Rascheln im Gras die Flucht ergreift, ungestört sitzen bleibt, wenn man auf den Stein über ihrem Kopf mit einem Hammer klopft. Störung des Gleichgewichts heißt aber für uns auch: Auftreten eines Anfangsphänomens in der Wahrnehmung. Wir stimmen also wieder mit Mc Dougall überein, der auch die Wahrnehmung bestimmter Objekte als Merkmal des Instinkts ansieht.

Eine Erklärung des Instinkts (bzw. des angeborenen Verhaltens um den heute üblichen Begriff zu verwenden), ist freilich mit all dem noch nicht erreicht. **Wir müssten denn wissen, worin in jedem konkreten Fall die Gleichgewichtsstörung besteht und wie die Herstellung des neuen Gleichgewichts erfolgt.** Diese Frage wird besonders schwer beantwortbar da, wo die Instinkt-Handlung nicht eine sofortige Wirkung auf den Organismus hervorbringt, sondern erst viel später, unter Umständen in der nächsten Generation zur Geltung kommt. Aber es ist durch unsere Betrachtungen wenigstens der Rahmen für bestimmtere Theorie-Bildung angedeutet, für eine Theorie, die jenseits einer mechanistisch-vitalistischen Alternative liegt.

3. Gebaren und Erleben

Wir fanden eben, dass Gebarens- und Erlebnis-Wahrnehmung das gleiche Resultat ergaben, und schlossen daraus, dass **inneres und äußeres Verhalten nicht äußerlich verkoppelt sein können**. Wir versuchen, in den wahren Zusammenhang, der sich beim Instinkt als der von Handlung und Affekt darstellte, etwas tiefer einzudringen. Wir gehen aus von der Tatsache, dass man lange Zeit die Gebarens-Beobachtung als anthropomorphistisch (subjektiv menschlich) völlig aus der Wissenschaft verbannt hatte. Man hatte an ihre Stelle allein die Vorgangs-Beobachtung gesetzt, die sich von ihr dadurch unterscheidet, dass sie prinzipiell analytisch ist, Stück für Stück eines Vorgangs gesondert untersucht. Macht man mit dieser Vorschrift ernst, so kann man „Verhalten" überhaupt nicht mehr beschreiben, denn was übrig bleibt, ist bloße Glieder-Mechanik und Muskel- und Drüsen-Physiologie. Was man fassen will, zerrinnt einem unter den Händen. Statt zu sagen: Der Vogel baut sein Nest, könnte man nur der Reihe nach die einzelnen Bewegungen seiner Flügel, Beine, des Kopfes usw. beschreiben — dass dann zum Schluss ein fertiges Nest dasteht, wäre ein merkwürdiger Zufall. Aber noch mehr: Auch wenn man das Wesen der Wissenschaft darin sieht, dass sie Grundlagen für Prophezeiungen schafft — und diese Bestimmung liegt gerade einer auf Ausschaltung der Gebarens-Beobachtung gerichteten Wissenschaft nahe —, so versagt das Verfahren vollkommen. Man kann wohl prophezeien, dass ein Vogel fortfahren wird, sein Nest zu bauen, sogar, dass er zunächst an einem bestimmten Teil des Nestes arbeiten, nicht aber, dass er die und die bestimmte Kombination von Glied-Bewegungen ausführen wird.

Wir kommen also ohne Gebarens-Beobachtung nicht aus. Das heißt: Analyse, das Prinzip der Vorgangs-Beobachtung, ist nicht das einzige Mittel, Wirklichkeit zu erfassen. Es gibt vielmehr, und ganz besonders an lebenden Wesen, Wirklichkeiten, die erst bei nicht-analytischer Beobachtung wahrnehmbar werden. Dann muss aber zwischen unseren Gesamteindrücken von einem Verhalten und dem Verhalten selbst ein sachlicher Zusammenhang bestehen. Was unterscheidet nun Gebarens- und Vorgangs-Beobachtung: Dieser fehlt die eigentliche Dynamik des Geschehens, das Crescendo oder Diminuendo der Intensität, das Tempo und sein Wechsel, die „Unruhe", „Hast", „Gelassenheit", schließlich die Gliederung, Phrasierung; denn weder ist eine Handlung ein homogenes Geschehen, noch lässt sie sich in beliebige Teile zerlegen, sondern hat von sich aus ihre Gliederung. Die Phrasierung in den wahrnehmbaren Bewegungen der Glieder wird aber von der zeitlichen Phrasierung

3. GEBAREN UND ERLEBEN

der wesentlichen Vorgänge im Nervensystem des betreffenden Organismus bestimmt, die Bewegungen sind gleichsam eine Projektion der nervösen Dynamik. Der Beobachter empfängt von diesen Bewegungen Wahrnehmungs-Phänomene. Wir wissen ja aber, dass Wahrnehmungsphänomene Gestalten sind, d. h. gegliederte Ganze. Die Gliederung, die in unserem Fall die zeitlichen Wahrnehmungsgestalten der Beobachter haben müssen, ist durch die Gliederung der Handlung des beobachteten Organismus bestimmt und damit letzten Endes durch die seiner nervösen Prozesse, der wiederum die der Phänomene des beobachteten Organismus selbst entspricht. Es ist also gar nicht so rätselhaft, so schließt Köhler aus diesem Tatbestand, dass wir das Gesamtverhalten, äußeres und inneres, direkt wahrnehmen können. Köhlers Beispiel macht das, was er meint, vollkommen klar. „Wenn ein Klavierspieler seinem eigenen Erleben gemäß die Innervationsfolgen für seine Muskulatur durch Phrasierung höheren und niederen Grades gliedert, so ergeben sich damit für die entstehende Schallwellenfolge bestimmte Verhältnisse der zeitlichen Folge usw., welche eine Art physikalische Projektion jener Innervationsphrasierung darstellen und im (geeigneten) Hörer akustische Verlaufsgliederung in naher Entsprechung zu den nervösen Gliederungen beim Spieler bedingen." Man darf indessen nicht ohne Weiteres jeden Gesamteindruck, den man von einem Verhalten erhält, für objektiv begründet halten. Sonst wären wir schnell wieder bei den Tier-Anekdoten angelangt, die so lange einer wahren Tierpsychologie entgegengestanden haben. Vielmehr wird man stets nach der Berechtigung dieses Eindrucks fragen müssen. Allgemein besteht die methodische Aufgabe, Kriterien für die Gebarens-Beobachtung zu finden. Denn es ist sehr wohl möglich, dass der Gesamteindruck des Beobachters und der psychische Ablauf im Beobachteten durchaus voneinander verschieden sind.

Damit ist das Problem der Wahrnehmung vom Fremdseelischen sehr anders gelöst, als es üblich ist; weder eine Einfühlung noch ein Analogieschluss ist nötig, sondern Fremd-Seelisches ist, wie auch Scheler betont hat, direkt erfassbar. Gleichzeitig ergibt sich der Grund der

Übereinstimmung von Gebarens- und Erlebnisbeobachtung: Es sind die gleichen Gestalt-Eigenschaften, die, am nervösen Geschehen haftend, sich einerseits in die Glieder projizieren und so zu Reizen für die Gebarens-Beobachtungen werden, andererseits dem Gestalt-Merkmal der Phänomene selbst entsprechen.

Und weiter ist klar: Auch Erlebnis-Wahrnehmung kann nicht schlechthin analytische Wahrnehmung sein. Sonst kommen wir hier zu Empfindungen und sich ablösenden Vorstellungen, wie wir bei äußerem Verhalten in der Vorgangsbeobachtung zur Glieder-Mechanik kamen. Auf die Folgerungen, die das für die Theorie der Erlebnis-Wahrnehmung haben muss, kann ich hier nicht eingehen. Ich habe das an anderer Stelle behandelt.[11]

4. Intelligenz- und Willenshandlungen. Charakter

Kehren wir zu den Instinkt-Handlungen zurück. Von ihnen unterscheiden wir die Intelligenz-Handlungen, von denen wir typische Beispiele früher unter den Schimpansen-Leistungen kennengelernt haben. Der Unterschied zwischen Intelligenz- und Instinktleistungen lässt sich jetzt auf doppelte Weise festlegen. Erstens ist beim Instinkt die Handlung, die zur Wiederherstellung des Gleichgewichts führt, wesentlich von ererbten Eigenschaften des Organismus bestimmt, durch Reize, wie sie in der biologischen Umgebung des Organismus Vorkommen, auslösbar – Gleichgewichtsstörung und Wiederherstellung bilden einen einheitlichen Prozess. Bei der Intelligenz-Handlung ist mit dem Anstoß zur Handlung der Weg noch nicht gesetzt, die Lösung liegt nicht in den Erbeigenschaften fest, sondern entsteht durch Umbildung des Organismus oft nach langem Warten und ganz plötzlich, und es gibt nicht vorher bestimmte Reize, die diese Umbildung bewirken müssen. Zweitens: Der Variationsbereich, in dem die Instinkt-Handlung sachgemäß verläuft, ist relativ begrenzt und nicht durch sachliche Bezüge bestimmt. (Beispiel: die Spinne.) Dagegen ist bei der Intelligenz-Handlung

---

11 siehe K. Koffka: *Zur Theorie der Erlebniswahrnehmung.* Annal. d. Philos. 3, 1922.

der Bereich viel weiter, und er bestimmt sich durch die sachlichen Bezüge der Dinge. Ein Affe, der bisher etwa einen Stock aus einer Ecke geholt hat, wird einen Stock, der ihm zur Hand liegt, nicht unbenutzt lassen.

Es ist nicht richtig, Instinkthandlungen zu definieren dadurch, dass sie ohne Erfahrung erfolgen, gerade das ist auch ein Zeichen einer echten Intelligenz-Leistung. Aber freilich spielt die Erfahrung bei den höchsten Intelligenz-Leistungen eine ungeheure Rolle: Die inneren Bedingungen sind durch früheres Erleben verändert, die gleiche äußere Situation kann daher Gebilde hervorrufen, die früher noch nicht entstehen konnten. Als Schulknabe schon erfand Gauß für sich das Prinzip der Summe der arithmetischen Reihe; als er seine größten mathematischen Entdeckungen machte, kannte er aber die bestehende Mathematik. Intelligenz ist nicht identisch mit Erfahrung. Vielmehr ermöglicht Intelligenz erst die Erfahrung, wie wir bei Besprechung des Erfolg-Problems gesehen haben, und schafft sich durch Erfahrung neue Möglichkeiten zu neuen Leistungen. Die Entwicklung, die hier im individuellen Leben und in der Arbeit der Generationen vorliegt, das Entstehen immer neuer und immer reicherer Prozesse ist ein Vorgang, der jedem anderen Entwicklungsvorgang an die Seite zu stellen ist.

Wie steht es mit der Auslösung der Intelligenz-Handlungen? In den Köhlerschen Versuchen lag es stets so, dass vor das Tier eine Frucht an einen nicht direkt erreichbaren Ort gelegt wurde und es auf diese Frucht zustrebte. In unserer Terminologie: Schimpanse hier, wahrnehmbare Frucht dort, das ist keine Situation mit Gleichgewicht, das bewegliche System, das Tier, wird vielmehr durch diese Situation veranlasst, ein Gleichgewicht herzustellen. Dass eine Frucht es zum Handeln veranlasst, das ist aber selbst keine Intelligenzleistung. Wir haben oben als Merkmal des Instinkts auch hingestellt, dass es für den Organismus bestimmte Bedingungs-Komplexe gibt, die sein Gleichgewicht stören. Die Auslösung der Handlung werden wir also als instinktiv bezeichnen; wäre die Frucht auf dem direkten Wege erreichbar, so würden wir auch den ganzen Vorgang, der dann erfolgen würde, instinktiv nennen. Der Unterschied besteht also nicht notwendig in der Auslösung der Handlungen, der Störung des Gleichgewichts, sondern in der Art, wie es wiederhergestellt wird.

Das führt uns hinüber zu dem anderen Pol, den man der Instinkt-Handlung entgegensetzt: Der **Willenshandlung**. Ist jede nicht instinktive (auch nicht quasi-instinktive automatische) Handlung eine Willens-Handlung?[12] Hat es einen Sinn, die Schimpansen-Leistungen Willens-Handlungen zu nennen? Ich werfe diese Frage vor allem auf, um zu zeigen, wie vorsichtig man bei der Anwendung unserer gewöhnlichen Worte auf psychologische Theorien sein muss. Was will das Tier? Nun, die Frucht, diese aber nicht aufgrund eines Willensentschlusses, sondern auf instinktiver Grundlage. Den Stock will es sicher nicht — es wäre eine intellektualistische Umdeutung, wollte man hier sagen, es muss den Stock als Mittel wollen, wenn es die Frucht als Ziel will —, sondern der Stock bringt die Erfüllung seines Wunsches. Denn ehe es den Stockgebrauch kapiert hat, kann es ja gar nicht den Stock wollen.

Es gibt also Handlungen, die weder Instinkt- noch Willenshandlungen, wohl aber typische Intelligenz-Handlungen sind.

Das Typische dieser Handlungen war, dass ihre Auslösung auf ererbter, ihre Ausführung auf durch „Kapieren" entstandener Grundlage erfolgte. Sprechen wir etwa von Willen nur überall da, wo auch die Auslösung auf Situationen beruht, die erst kapiert sein müssen, die also nicht von vornherein als Gleichgewichtsstörungen wirkten? Auch das trifft nicht zu; auch wenn die Auslösung geerbt ist, können Willenshandlungen vorliegen, wie wenn sich jemand aus Hunger nach einer ihm nicht zusagenden Arbeit umsieht. Aber auch kapierte Ziele können ohne Willen erstrebt werden: z. B. durch Tradition. Nun kann aber jemand der Neigung entgegen mit freiem Willen der Tradition folgen. **Das Entscheidende ist hier augenscheinlich der Konflikt.** — Die Gegebenheit: Mensch — Tradition — Neigung hat vor der Entscheidung zwei Löcher, die beide geschlossen werden wollen,

---
12 Zum Thema „Willensfreiheit" siehe auch: Sedlacek, K.-D., Lipp, G. F., *Gebundener Wille*, Norderstedt (2016)

4. INTELLIGENZ- UND WILLENSHANDLUNGEN. CHARAKTER

von denen aber, wenigstens zunächst, nur eins geschlossen werden kann. In solchen Fällen der Wahl pflegt man prägnant vom Willen zu sprechen, aber auch hier tut man gut, nicht bei diesem Wort stehen zu bleiben, sondern den Vorgang selbst zu untersuchen. Eine Lücke muss offenbleiben. Welche? Das kann ganz unmittelbar, „instinktiv", entschieden werden: Der ältere Bruder, der dem Schwesterchen sein Stück Kuchen fortgenommen hat, sieht den grenzenlos traurigen und enttäuschten Gesichtsausdruck und gibt es sofort zurück, sagt vielleicht noch: Ich habe ja bloß Spaß gemacht. Hier ist keine Überlegung am Werk gewesen, kein Abwägen, sondern dieser Ausdruck schuf eine empfindlichere Lücke als der nicht erreichbare Kuchen. Die Entscheidung kann aber auch auf „kapierte" Ziele hinauslaufen: Die Angst vor der Strafe kann das Kind abhalten zu naschen. In beiden Fällen, die als Wahlhandlungen konstruiert sind, wird man nicht leicht von Willenshandlungen sprechen wollen.

Dass uns der „Wille" immer wieder entgleitet, wenn wir ihn schon zu fassen meinten, muss seinen Grund haben. Wir meinen nicht etwa, dass es so etwas wie Willen nicht gäbe, sondern dass man so etwas dann nicht oder nur schwer findet, wenn man einzelne Handlungen untersucht. Einen Beweis starken Willens sehen wir dort, wo größere Handlungs-Folgen mit einheitlichem Ziel allen äußeren und inneren Widerständen zum Trotz durchgeführt werden. Die Geschichte liefert viele Beispiele. Ich will ein einfaches wählen: Der Sportler, sagen wir der Langstrecken-Läufer, der im zweiten Drittel der Strecke erlahmt; er sieht seine Gegner laufen, aber er selbst spürt nun den Widerstand seines Körpers, die Atemnot, die sich fast zum Schmerz steigert. Er sagt sich: Gewinnen wirst du doch nicht, wozu das alles? Und er hält doch durch, so sauer es ihm wird. Oder: Der leidenschaftliche Felskletterer vor einer Traverse an senkrechter, griffarmer, noch nie begangener Wand. Aller Instinkt schreit: „Zurück", d. h., die Situation ist so, dass sie, auf ererbter Anlage, als Durchgangssituation auftritt, aber mit dem Vektor nach rückwärts; aber die Wand lockt auch, und ohne dass es ihm sauer wird, freudig und ernst, geht er den Weg auf Leben und Tod — ich spreche dabei nicht von dem Fall, dass Ehrgeiz die Triebfeder ist. — Auch dies wird man als Willensleistung ersten Ranges anerkennen, aber diesmal wird ihm der Entschluss nicht schwer wie im ersten Beispiel. Dies also kann auch nicht das Entscheidende sein. Gemeinsam aber ist beiden Fällen, dass die Lücke, die von Anfang an geschlossen werden sollte, auch dann weiter geschlossen wird, wenn andere große Lücken klaffen und nach Schließung schreien. Es ist nicht der momentane Vorgang, sondern der ganze Verlauf, auf den wir den Begriff des Willens anwenden, oder der eine Moment als Glied des großen Verlaufs. Und weiter: In beiden Fällen hat die Leistung, die wir besprochen, verschiedenen Charakter. Im ersten bewundern wir die Energie, im zweiten den Mut, entsprechend den Verlockungen, die von beiden Menschen überwunden werden.

Hier sehen wir das Spezifische gegenüber den Instinkt-Handlungen: die Möglichkeit des Abweichens. Auch die Instinkt-Handlung ist, wie die Willens-Handlung, einheitlich und in sich geschlossen, aber sie kennt keine Verlockungen. Wohl aber die Intelligenz-Handlung, wie wieder in Köhlers Versuchen hervortrat, wenn Tiere richtig eingeleitete Lösungen, instinktiven Antrieben folgend, unterbrachen. Und ertappen wir uns nicht in unserm Denken, wie wir Fehlern, die wir zunächst klar erkennen, doch erliegen? Gerade für die Intelligenz war es charakteristisch, dass nicht der direkte, sondern der beste Weg gegangen wurde, und so ist es nun auch in der Willenshandlung. Was das „Beste" ist, ist dabei keineswegs beliebig oder schlechthin relativ, sondern von der Gesamt-Gestalt des Verhaltens aus festgelegt. Darüber bald mehr.

Vorher noch einige Worte über Denken und Handeln: Wenn wir den Geschehens-Verlauf im Denken und Handeln betrachten, so finden wir den gleichen Grundtypus: Störung eines Gleichgewichts — Wiederherstellung eines neuen Gleichgewichts. In beiden Fällen kann der End-Zustand „reicher" sein als der Anfangs-Zustand. Wir finden ferner Denk-Vorgänge eingeschaltet in Handlungs-Verläufe als notwendige Teilprozesse, wie in den Intelligenz-Leistungen der Schimpansen. Es ist also eine bloße Abstraktion, wenn man Denken und Handeln auseinanderreißt. Das Denken gehört ursprünglich zum Handeln. Denken, das zu

4. Intelligenz- und Willenshandlungen. Charakter

keinem Handeln Bezug hat, durch kein Handeln erfordert wird, ist primitiven Gesellschaften unbekannt. Wirklich ist der Organismus in seinem Ganz-Verhalten, das jeweils seinen bestimmten Anfang, seine spezifische Verlaufsform und sein Ende hat. Unsere Bestimmung der Psychologie als der Wissenschaft vom Verhalten erweist jetzt ihre volle Rechtfertigung; es geht sachlich nicht an, das Gesamt-Verhalten zu zerreißen, seine äußere und innere Seite, im früher definierten Sinn, zu trennen. Wahrnehmungen regen ein Verhalten an, durch Denken wird es geleitet und endet in neuen Wahrnehmungen, und in diesem Vorgang sind alle Teile auch affektiv bestimmt: Der Anfang als Ausgangs-Phänomen, Lücke, Anreiz, Störung, das Ende als Befriedigung und die Handlung dazwischen mit dem Affekt, der ihre Dynamik widerspiegelt. Das Gesamtverhalten löst sich auf in eine Reihe von dynamischen Gestalten, die selbst wieder, mehr oder weniger innig, im Ganzen der Persönlichkeit eine große Gestalt bilden. Wie das Ganze gestaltet ist, so auch jeder seiner natürlichen Teile. Haben wir doch das Prinzip der Gestaltung an der Wahrnehmung studiert, die sich jetzt als Teil-Gestalt in einem viel größeren Zusammenhang erweist.

Dass es nach Schließung drängende Lücken gibt, die weder rein instinktiv, noch klar bewusst sind, aber sehr starke Kräfte auf unsere Handlungen ausüben können, das zeigen uns psychopathische Individuen (Hysteriker). Hier ist die Psychoanalyse entstanden, und in der Aufzeigung und Erklärung solcher Lücken sehen wir die Aufgabe, durch deren Lösung sie auch für das Verständnis normalen Seelenlebens fruchtbar werden kann.

Und wo ist der Wille? Die Antwort ist nicht mehr schwer zu geben, nachdem wir Willen als einen Begriff festgestellt haben, der auf größere Verläufe anwendbar ist: Die Wahrnehmungen, die die äußere und innere Situation im Verlauf einer Handlung hervorbringen, setzen dauernd neue und neue Störungen, für die es jeweils einen kürzesten Weg der Beseitigung gibt. Dass nicht diese, sondern der jeweils beste gewählt wird, das ist das Zeichen des Willens. Je selbstständiger der Organismus wird im Verhältnis zur Umwelt, je mehr die Richtung des Fortschritts von ihm und nicht von den äußeren Bedingungen bestimmt wird, um so

V. WOLLEN UND HANDELN

mehr ist Wille im Spiel. Willenlos nennen wir einen Menschen, der sich treiben lässt, jedem Anstoß nachgibt, jeder Laune folgt. Der Willensmensch ist demgegenüber durch Stabilität ausgezeichnet. Das oft gebrauchte Bild vom ruderlosen und vom fest gesteuerten Schiff hat seinen guten Sinn. Das, ruderlose Schiff stellt sich so, wie es in jedem Augenblick Wind und Strom und Wellen bestimmen, das gesteuerte kommt an sein Ziel.

Damit sind wir von selbst zum Begriff des Charakters gekommen. Ob ein Organismus mehr oder weniger stabil ist, das ist eine Charaktereigenschaft. Aber nicht allein dadurch ist der Charakter festgelegt. Auch was für Lücken für ihn entstehen können, und welches die wirksamsten sind, ist eine Charaktereigenschaft. Was für Lücken, d. h. wie das Gleichgewicht gestört werden kann und welche Handlungs-Richtung aus dieser Störung folgt. Damit reicht der Charakter in die Nähe der Instinkte, denn auch Charakter ist angeboren, und auch Instinkt bedeutet: Möglichkeit für Lücken und ihre Schließung. Nur dass, zumal beim Menschen, der Charakter sich bildet oder verfällt; es gibt Reife und Verkommenheit.

Und endlich: wie die Lücken sich schließen. Was für den einen genügender Schluss ist, ist für den anderen nur der Anfang dazu. Wir unterscheiden oberflächliche und gründliche Charaktere; und wie der Schluss einer Lücke auf das weitere Verhalten einwirkt: Für den einen ist damit ein Ende erreicht, für den anderen nur eine Stufe erklommen.

Und wie der Charakter, so sind auch die Temperamente von hier aus zu bestimmen, unterschieden durch die Dynamik der Auslösung, des Verlaufs und des Abschlusses der Handlung. Charakter und Temperament beziehen sich auf das ganze Verhalten, auch hier sind nicht Intellekt und Wille zu trennen als zwei eigene Wesenheiten. Es ist unmöglich, die Intelligenz intellektualistisch zu erklären, wie Köhler es einmal paradox ausgedrückt hat, aber man darf auch nicht den Willen voluntaristisch erklären, indem man eine dem Intellekt ganz fremde Form der Wirksamkeit annimmt.

5. Affekte und Werte

Die Betrachtung der Instinkt-Handlungen hatte uns zu den Affekten geführt, wir hatten sie in den Wahrnehmungen selbst als deren „dynamische Charaktere" gefunden und als phänomenale Eigenschaft der Handlung. Wir können diesen Befund jetzt aus seiner engen Verbindung mit der Instinkt-Handlung lösen. Auch bei den nicht instinktiven Handlungen gibt es Wahrnehmungen mit ihren dynamischen Charakteren, auch hier ist die Handlung phänomenal affektiv. Und der Reichtum der Gefühle kann erst zutage treten, wo wir von der strengen Bindung des Instinkts frei sind. Es ist ja nicht mehr festgelegt, welche Reize als Ausgangswahrnehmungen wirken; ein Ding kann plötzlich zum ersten Mal mich zu einer Handlung veranlassen. Und es ist weiter nicht so, dass eine Handlung mehr oder weniger eindeutig determiniert ist, es gibt ein Auf und Ab, ein Hin und Her, ein Stocken und Probieren und sich Nähern, dann ein Weiterstürmen; dazwischen das Auftreten neuer Lücken, neue Phänomene mit Ausgangs-Charakter nach anderer Richtung; es gibt das Ziel, das man lange vorher geschaut hat, ehe man es erreicht. Dementsprechend also eine Fülle neuer affektiver Qualitäten, nicht, das braucht kaum noch gesagt zu werden, als statische Elemente, die auch noch da sind, sondern als typische Verlaufsgestalten. Der Konflikt, die Verlockung, die Empörung, aber auch die reine Freude, um nur weniges zu nennen, das alles kann erst entstehen, wo reichere und vielfältigere Verlaufsgestalten vorliegen, als es die instinktiven sind. Bei der Theorie dieser Gefühle, ja schon bei ihrer Beschreibung, darf man es sich nicht so leicht machen, wie es in der Psychologie lange üblich war. Dann aber wird man auch von dieser Seite aus auf wichtigste Probleme der Psychologie treffen. In den Arbeiten Schelers wird man das bestätigt finden. Scheler kann einem wieder zeigen, wie voreilige Theorien den Blick für das Gefühl selbst so stark getrübt hatten, dass seine Beschreibung gänzlich misslang.

Wir haben bisher das Hauptgewicht auf die phänomenale Seite des Handelns gelegt und gezeigt, wie von hier aus eine Gefühlslehre errichtet werden kann. Wie steht es mit den

V. WOLLEN UND HANDELN

dynamischen Charakteren der Wahrnehmung? Eine Wahrnehmung hat Ausgangs-Charakter, d. h. oft: das Wahrgenommene „ist schlecht"; sie hat End-Charakter: Das Wahrgenommene „ist gut". Das heißt: Die dynamischen Charaktere sind, was wir sonst Werte nennen. Und es ergibt sich die Möglichkeit, von hier aus auch die Wert-Psychologie zu begründen. Ein Gegenstand erscheint wertvoll, heißt nach dieser Auffassung nicht: Der Geist fällt über einen an sich wertindifferenten Gegenstand ein Werturteil, sondern unter diesen, in der Situation und im Organismus gelegenen Bedingungen erscheint in der Wahrnehmung des Organismus ein Gegenstand mit dem dynamischen Charakter: Erreichtes oder zu erstrebendes Ziel — Ziel im weitesten Sinn genommen als Lücken-Schließung. Das heißt: der Wert rückt in das Phänomenal-Objektive hinein, aber wieder nicht als eine Etikette, sondern als eine dynamisch bestimmte, d. h. den ganzen Verlauf angehende Eigenschaft. Denn der dynamische Charakter ist ja nur da als Glied eines ganzen Verlaufs. Jeder Verlauf, der auf ein Ziel gerichtet ist, kann also „wertbestimmt" genannt werden, jeder Versuch, der zum Ziel führt: sinnvoll.

Damit ist freilich behauptet: Der Wert steckt im Sein, ist nichts dem Sein Fremdes und nur der Seele Eigentümliches. Und das wieder bedeutet: Wert und Sein sind Objektives. Wir können auf die philosophischen Konsequenzen dieser Folgerungen hier nicht eingehen, verfolgen sie nur noch ein wenig nach ihrer psychologischen Seite. Jeder Ablauf hat seinen ihm spezifischen Sinn. Je umfassender der Ablauf, je mehr macht sich dieser Sinn in der Einheitlichkeit seiner Richtung bemerkbar. Es sind die Handlungen der Willenslosen auch sinnlos, nur jedes Handlungsstück hat seinen Sinn, nicht die Handlung als Ganzes; prägnant sinnlos in dieser Bedeutung ist das Zeugnis der Katja Iwanowna vor dem Tribunal in den „Brüdern Karamasow". Und Persönlichkeit sein, das heißt, seinen Wert vollenden, seinen Sinn entfalten. Wie kann das der Mensch tun? Nur, das ist klar, wenn er stabil ist gegenüber der Umwelt. Aber kann er wissen, was sein Sinn, sein Wert ist? Oder, viel simpler gefragt, wie weiß der Mensch, was er zu tun hat, was das Richtige ist? Haben wir, indem wir so fragen, nicht schon dem Intellekt die Führerrolle zugebilligt? Ganz gewiss nicht. Zwar: was das Rechte zu tun sei, das wird ihm in schwierigen Lagen nicht viel anders einfallen wie einem Denker die Lösung eines tiefen Denk-Problems, gerade so direkt, gerade so als Ganzes; aber nicht in den Formen, die der Verstand sich als Hilfsmittel erschaffen hat, mit Gründen dafür und dagegen; aus seinem Wesen und aus der Situation heraus wird sich der Weg als Richtung, als Bahn erheben. Die Gründe sucht man nachher und verdirbt mit den Gründen, wie Hamlet, oft das ursprüngliche Wissen. Gründe sind für den Intellekt. Was aber sind unsere Gründe für unsere Handlungen, verglichen mit unseren Handlungen!

Wieder sehen wir: Der Gegensatz zwischen verstehender und erklärender Psychologie verschwindet. Und er muss es, weil das Erkennen nach der hier dargelegten Ansicht kein naturfremder Vorgang ist, weil Wert und Sein nicht Domänen der Vernunft sind, sondern im großen Sein der Welt selbst wurzeln.

LITERATUR

Kapitel I:

Zu 1. H. Ebbinghaus: Grundzüge der Psychologie I. 4. Aufl. 1919. J. Fröbes: Lehrbuch der experimentellen Psychologie, 2 Bde. 1915/17. 2. Aufl. 1923. G. E. Müller: Abriß der Psychologie. 1924. W. Mc Dougall, Outline of Psychology. 1923. A. Messer: Psychologie. 3. Aufl. 1920.

Zu 2. J. B. Watson: Psychology from the Standpoint of a Behaviorist. 1919. A. A. Roback: Behaviorism and Psychology. 1923.

Zu 4. W. Dilthey: Gesammelte Schriften (bis jetzt Bd. 1—5 außer 3). E. Sprang er: Lebensformen. 3. Aufl. 1922. K. Jaspers: Psychologie der Weltanschauungen. 2. Aufl. 1922.

Zu 5. L. Klagest Handschrift und Charakter. Gemeinverständlicher Abriß der graphologischen Technik. 1917. S. Freud: Vorlesungen zur Einführung in die Psychoanalyse. 1917. Handbuch der vergleichenden Psychologie, herausg. v. G. Kafka. 3 Bde. 1922.' W. Stern: Die differentielle Psychologie in ihren methodischen Grundlagen. 3. Aufl. 1921. K. Jaspers: Allgemeine Psychopathologie. 2. Aufl. 1920. M. Dessoir: Vom Jenseits der Seele. Die Geheimwissenschaften in kritischer Betrachtung. 1917. W. Preyer: Die Seele des Kindes. (1. Aufl. 1882.) W. Stern: Psychologie der frühen Kindheit. 3. Aufl. 1923. K. Bühler: Die geistige Entwicklung des Kindes. 4. Aufl. 1924. Ed. Claparède: Psychologie de l'Enfant et pédagogie expérimentale. 9. Aufl. 1922. K. Koffka: Die Grundlagen der psychischen Entwicklung. Eine Einführung in die Kinderpsychologie. ?1921. Ch. Bühler: Das Seelenleben des Jugendlichen. 2. Aufl. 1923. W. Wundt: Völkerpsychologie, 2. Aufl. 4 Bde. 1904—10. 1—3 auch in 3. Aufl. 1911—19. L. Lévy-Bruhl: Les Fonctions Mentales dans les Sociétés Inférieures. 2. éd. 1912. — Deutsch: Das Denken der Naturvölker, übers, von Jerusalem. 1921. L. Lévy-Bruhl: La Mentalité Primitive. 1922. K. Th. Preuß: Die geistige Kultur der Naturvölker. Aus Natur und Geisteswelt. 1914. — Zur Geschichte der Psychologie: Max Dessoir: Abriß einer Geschichte der Psychologie. 1911.

Kapitel II:

E. B. Titchener: Lehrbuch der Psychologie, übers, von Klemm. 2 Bde. 1910 und 12.

Zu 1. W. Köhler: Über unbemerkte Empfindungen und Urteilstäuschungen. Zeitschrift f. Psychol. 66, 1913.

Zu 2. H. Ebbinghaus: Über das Gedächtnis. 1885. G. E. Müller und A. Pilzecker: Experimentelle Beiträge zur Lehre vom Gedächtnis. Erg.-Bd. i d. Zts. f. Psychol. 1900. G. E. Müller: Zur Analyse der Gedächtnistätigkeit und des Vorstellungsverlaufs. 3 Bde. Erg.-Bd. d. Zts. f. Psychol. 5, 8 u. 9, 1911—17.

Zu 6. W. Wundt: Grundzüge der physiologischen Psychologie. 3 Bde. 6. Aufl. 1908—11. C. Stumpf: Erscheinungen und psychische Funktionen. Abhdlg. d. Preuß. Ak. d. Wiss. 1906. St. Witasek: Grundlinien der Psychologie. 1908. (Philos. Bibl.) O. Külpe: Über die moderne

Psychologie des Denkens. Internat. Monatsschrift f. Wiss., Kunst und Technik. Juni 1912. A. Messer: Empfindung und Denken. 1908. 2. Aufl. 1924. J. Lindworsky: Umrißskizze zu einer theoretischen Psychologie. Zts. f. Psychol. 89, 1922. Auch separat, 2. Aufl.

Zu 7. J. v. Kries: Über die materiellen Grundlagen der Bewusstseinserscheinungen. 1901. H. Bergson: Materie und Gedächtnis. Jena 1908. E. Becher: Gehirn und Seele. 1911. H. Piéron: Le Cerveau et la Pensée. 1923.

Kapitel III:

Zu 2. C. Stumpf: Tonpsychologie. 2 Bde. 1883, 1890. — Nr. 22. Zu 3. W. Köhler: Zur Theorie des Sukzessivvergleichs und der Zeitfehler. Psychol. Forschung 4, 1923.

Zu 4. K. Koffka: Probleme der experimentellen Psychologie. I. Die Unterschiedsschwelle. Die Naturwiss. 5, 1917. M. Wertheimer: Experimentelle Studien über das Sehen von Bewegungen. Zts. f. Psychol. 61, 1912.

Zu 6. W. Köhler: Nachweis einfacher Strukturfunktionen beim Schimpansen und beim Haushuhn. Über eine neue Methode zur Untersuchung des bunten Farbensystems. Abhdlg. d. Preuß. Akad. d. Wiss. Phys.-math. Kl. Jahrg. 1918, Nr. 2.

Zu 6. G. E. Müller: Komplextheorie und Gestalttheorie. 1923. K. Koffka: Zur Grundlegung der Wahrnehmungspsychologie. Eine Auseinandersetzung mit V. Benussi. Zts. f. Psychol. 73, 1915. V. Benussi: Experimentelles über Vorstellungsinadäquatheit. Zts. f. Psychol. 42, 1906. M. Wertheimer: Untersuchungen zur Lehre von der Gestalt. Psychol. Forschg. I und 4, 1921 und 23. Ferner Nr. 18 und 19.

Zu 7. K. Bühler: Die Gestaltwahrnehmungen. I. 1913 - E. R. Jaensch: Zur Analyse der Gesichtswahrnehmungen. Erg.-Bd. 4 d. Zts. f. Psychol. 1909. E. R. Jaensch: Über die Wahrnehmung des Raumes. Erg.-Bd. 6 d. Zts. f. Psychol. 1911. D. Katz: Die Erscheinungsweisen der Farben und ihre Beeinflussung durch die individuelle Erfahrung. Erg.-Bd. 7 d. Zts. f. Psychol. 1911. E. Rubin: Visuell wahrgenommene Figuren. 1921. Originalausg. (dänisch). 1915.

Zu 8. W. Köhler: Akustische Untersuchungen. Zts. f. Psychol. 54, 58, 64, 72, 1909/10/13/15.

Zu 9. St. Witasek: Psychologie der Raumwahrnehmung des Auges. 1910. M. Scheler: Wesen und Formen der Sympathie. 1923. E. R. Jaensch:. Über die subjektiven Anschauungsbilder (Sammelreferat). Ber. über d. VII. Kongr. f. exp. Psychol., herausg. v. K. Buhler, 1922. E. R. Jaensch (und Mitarbeiter): Über den Aufbau der Wahrnehmungswelt und ihre Struktur im Jugendalter. 1923. O. Kr oh: Subjektive Anschauungsbilder bei Jugendlichen. 1922. K. Koffka: Über die Untersuchungen an den sogen, optischen Anschauungsbildern (Forschungsbericht). Psychol. Forschg. 3, 1923. Ferner Nr. 15, 39, 4°, 43.

Zu 10. W. Köhler: Die physischen Gestalten in Ruhe und im stationären Zustand. 1920.

Kapitel IV:

Zu 1. E. L. Thorndike: Animal Intelligence, 1911. J. B. Watson: Behavior, an Introduction to Comparative Psychology, 1914. Ferner Nr. 15.

Zu 2. O. Selz: Über die Gesetze des geordneten Denkverlaufs. 2 Bde. 1913, 1922. N. Ach: Über den Willensakt und das Temperament, 1910. K. Lewin: Das Problem der Willensmessung und das Grundgesetz der Assoziation. Psychol. Forschg. 1 und 2. 1922.

Zu 3. N. Ach: Über die Begriffsbildung, 1921.

Zu 4. W. Köhler: Intelligenzprüfungen an Menschenaffen. 2. Aufl. 1921. Ursprüngl. i. d. Abhdlg. d. Preuß. Ak. d. Wiss. Jhg. 1917, Physikal.-math. Kl. Nr. 1.) M. Wertheimer: Über Schlussprozesse im produktiven Denken. 1920.

Kapitel V:

Zu 1. E. M. v. Hornbostel u. M. Wertheimer: Über die Wahrnehmung der Schallrichtung. Sitzungsber. d. Preuß. Ak. d. Wiss. XX, 1920. E. M. v. Hornbostel: Beobachtungen überein- und zweiohriges Hören. Psychol. Forsch. 4, 1923. Ferner Nr. 15 und 55.

Zu 2. H. Volkeit: Über die Vorstellungen der Tiere. Arb. z. Entwicklg.-Psychol. Herausg. von F. Krueger, 1, 2. 1914. W. Köhler: Zur Psychologie des Schimpansen. Psychol. Forschg. /, 1921. Th. W. Danzel: Prinzipien und Methoden der Entwicklungspsychologie. Hdb. d. biol. Arbeitsmeth. Herausg. von E. Abderhalden, Abt. VI, Teil C, Heft 2, 1921. Ferner Nr. 3, 19, 51. (Auch zu den Abschn. 3 und 5.)

Zu 3. W. Köhler: Die Methoden der psychologischen Forschung an Affen. Hdb. d. biol. Arbeitsmeth. Herausg. v. E. Abderhalden, Abtlg. VI, Teil D, Heft 1, 1921. K. Koffka: Zur Theorie der Erlebniswahrnehmung. Annal. d. Philos. 3, 1922.

Zu 4. W. Stern: Die menschliche Persönlichkeit. 1918. M. Geiger: Beiträge zur Phänomenologie des ästhetischen Genusses. Jhb. f. Philos. und phänomenol. Forschg. 1, Teil 2. 1913.

Stichwortverzeichnis

Abweichen..................136
Ach.....63, 79, 101, 103, 109, 144
Affe..6, 24, 36, 38, 61, 121f., 126, 128f., 133, 137, 139, 144
Affekt. 6, 24, 36, 38, 61, 122, 126, 128f., 137, 139
Ähnlichkeits-Assoziation.........28f.
Ähnlichkeits-Reproduktion........29
Amöbe..................10, 15
Amplitude..................33f.
Analogieschluss..................131
Analyse....24, 28, 36, 63, 74, 130, 142f.
Anfangsphänomen.................129
Angstgefühl..................14
Anschauung..40, 59, 70, 94, 108, 143
Anstarren..................79f.
Antizipationen..................91
Apperzeption..................38
Äquivalenz..................149
Assimilation..................89
Assoziation 5f., 16, 18, 26ff., 36ff., 45, 62ff., 89, 92, 97, 99ff., 112, 114, 144
Assoziationsgesetz...16, 26f., 112
Assoziationspsychologie. .5, 37ff., 62f., 65, 100
Assoziationstheorie.....18, 36, 97, 100f., 105
Atem..................14, 135
Aufeinanderfolge.....25ff., 50, 100
Aufmerksamkeit..5f., 32ff., 70, 74, 76, 85ff.
Auge..18, 25, 31, 43, 48f., 57, 81, 83f., 96, 101, 120ff., 127, 138, 143, 150f.
Augenmaß..................57, 81
Ausgangspunkt.19f., 72f., 75, 128
Becher..................44, 143
Bedingungskomplex..........76, 87
Beliebigkeit..................5, 67f.
Benussi..................67f., 143
Beobachtung....14f., 18ff., 24, 26, 37, 40f., 52, 54, 56, 62ff., 69, 77, 83, 88, 91, 94, 98, 107, 119, 124ff., 129ff., 144
Berührungsassoziation...........28
Bestimmtheit..........5, 25, 71, 111

Bewegung. 14f., 18, 26f., 37, 42f., 47, 61, 80, 98f., 119ff., 127, 130f., 143
Bewegungsvorstellung.............37
Bewusstheit..................63f.
Bewusstsein. 5, 10ff., 22, 24, 26f., 31, 38, 42, 47, 60, 63, 67, 92, 95ff., 125, 149, 151f.
Bewusstseinsinhalt.............39, 63
Brentano..................65
Brown..................106
Bühler..........81f., 115, 142f.
Bündel-These..................25
Chaos........5, 31f., 71, 73, 76, 79
Charakter.5f., 11, 28, 36f., 52, 61, 65, 85f., 110, 125, 127f., 132, 136, 138ff., 142
Cornelius..................48
Denk-Gestalt....6, 104, 106f., 110, 112, 115
Denken........5f., 8, 12, 15, 17, 21, 24ff., 29, 32, 41, 46, 50, 92, 97, 100, 105ff., 112f., 115f., 118, 121, 136f., 142ff.
Denkpsychologie..................39
Denkverlauf.....29, 32, 44, 64, 111, 144
Deskription..................5, 62ff.
Deskriptionsbegriff..............62ff.
Determination..........6, 100ff., 104
Deutung..................7, 67
Dilthey..................17, 142
Disposition........5, 57, 60ff., 87, 91
Dougall..................128f., 142
Dreifarbentheorie..................66
Drüsensekretion..................13
Dualismus..........5, 41, 45ff.
Ebbinghaus..........8, 29, 142
Eberhardt..................88
Edinger..................129
Effektor..................42f.
Ehrenfels..................38
Einfachheit......37, 70, 80ff., 120f.
einheitliche Gestalt..............53
Einstellung....5, 37, 40, 55ff., 59ff., 64, 74, 90, 116
Einzeller..................92
Empfindung 5, 24ff., 33f., 36f., 39, 43, 47ff., 54, 57ff., 62ff., 70, 73f., 83, 88ff., 94, 132, 142f.

Empirismus...............6, 88, 90, 92
Endphänomen...............125, 127
Endprodukt..................73
Endsituation..................125
Energie..................149
Enzym..................149
Erbeigenschaft..................132
Erblassen..................14
Erfassen..........5, 50f., 53, 109
Erfassungsvorgang..................57
Erfolg-Problem..........6, 97, 133
Erfolgproblem..................98f.
Erinnern..................25
Erklärung......5, 11, 16, 29, 33, 38, 43f., 51, 64, 66, 86, 89, 104, 121f., 125, 128f., 137, 149, 151
Erklärungsprinzip..................11
Erleben..........6, 129, 131, 133
Erlebnis....11, 14f., 17ff., 24, 27f., 39, 41, 46, 59, 62ff., 96, 100, 104, 111, 125, 127, 129, 132, 144
Erlebnisbeobachtung.15, 18f., 63, 132
Erlebnisfolge..................46
Erlebniswahrnehmung.......24, 41, 64f., 144
Erregung..................42f., 79, 119
Existenzial-Verbindung..............27
Exposition..................79f., 82
Fantasie..................25
Farben-Psychologie..................66
Farbensehen..................46, 66
Fechner..................8, 57
Fehlreaktion..................102f.
Frank..................80
Fremd-Seelisches..................131
Frequenz..................33f.
Freude..................36, 139
Funktionsbegriff..................62ff.
Furchtreaktion..................14
Fusionsbewegung..........120, 122
Galton..................106
Ganglienkomplex..................42
Gebaren........6, 14f., 18, 96, 127, 129ff.
Gebarensbeobachtung..............15
Gedächtnis..6, 11, 25, 29, 44, 61, 84, 88ff., 97ff., 104, 107, 142f.
Gedächtnisfunktion..................100
Gedächtnisproblem..................98

145

STICHWORTVERZEICHNIS

Gedanke 15, 24, 39f., 56, 60, 63f., 81, 100f., 110ff.
Gefühl....5, 17, 36f., 39, 126, 128, 139
Gegenteil 32, 72, 81, 94, 96, 104f.
Gehör........................15, 26f., 116
Geisteswissenschaftler............11
Gesamtverhalten.....14f., 17, 131, 137
Geschmack......................26, 43
Gesetz....................................149
Gesicht. .7f., 14, 21f., 26f., 52, 54, 62, 71f., 74, 78f., 84, 90, 109, 120, 122, 126ff., 135, 143
Gestalt........1, 3, 5f., 38, 40, 52ff., 59f., 67ff., 95, 98, 100, 104ff., 120, 122, 131f., 136f., 143, 149, 152
Gestalt-Ergänzung.................110
Gestalt-Prozess...............5, 57, 62
Gestaltdisposition......59f., 85, 87, 90f., 93, 105, 109, 114, 116
Gestalteigenschaft............80f., 89
Gestaltentstehung...............76, 82
Gestaltergänzung.................110ff.
Gestaltprozess..........59f., 85, 87
Gestaltungsprozess................100
Gewichtsverteilung..............38, 87
Gewohnheit..................101, 116
Gleichgewicht 118, 121, 127, 129, 132ff., 136, 138
Gleichheitsurteil.......................58
Grazer Schule..........................67
Grundschwingung....................33
Handeln......6, 45, 118, 125, 133, 136f., 139
Hauptfarbe..........................65ff.
Hauptleistung.........................113
Helligkeits-Paar........................92
Helmholtz.................33f., 65ff., 88
Hering......................65ff., 122
Herzklopfen.............................14
Hintergrund.............................84
Hinterhauptlappen....................42
Horopter................................122
Hühner.....................11, 84, 92
Hume......................................25
Individualpsychologie................20
Information..........................149
Instinkt......6, 122ff., 127ff., 132f., 138f.
Instruktion............58ff., 85, 101ff.
Intellekt. 24, 26, 36, 124, 138, 141

Intelligenz.......6, 11, 22, 112, 115, 124, 132ff., 136, 138, 144
Intelligenz-Handlung....132ff., 136
Isolierungsprozess...................73
Jaspers.............................17, 142
Jugendpsychologie..................21
Kausalität...............................73
Kettenreflex...........................123
Kinderpsychologie......22, 94, 142
Klages.............................18, 142
Klanganalyse.....................35, 88
Klangfarbe..................33ff., 88
klar denken..........................108
Kohärenzfaktor......................69f.
Köhler 28, 48f., 56, 67, 84, 88, 92, 95f., 98, 109, 114f., 121, 126f., 131, 133, 136, 138, 142ff.
Kollektivdisposition................92f.
Komplextheorie...5, 67f., 71f., 86, 101, 143
Konflikt...............50, 134, 139
Konstanz-Annahme..............5, 24
Konstanzannahme......5, 28, 35ff., 47ff., 54, 57, 64f., 75, 83, 86, 88
Konstellation....5f., 29, 32, 42, 59, 71, 76ff., 100f.
Konstellations -Theorie.....5, 29
Konstellations-Theorie..6, 32, 100
kontingent.........................16, 70
Kontrastversuch......................68
Kries........................44, 143
Kriminalpsychologie................23
kritische Silbe........................103
Külpe......8, 39, 63, 100, 102, 142
Kultur-Psychologie...................21
Leben..................................149
Lebensform....................16, 142
Lernen.........6, 30, 97ff., 103, 105
Lernerfolg..............................98
Lernproblem.........................97ff.
Lévy-Bruhl........73, 107, 128, 142
Lewin.............101ff., 111, 144
Lichtempfindung......................43
Lindemann.............................80
Lindworsky......39ff., 45ff., 50f., 56, 67, 95, 115
Locke.....................................74
Lücke............109f., 112, 135ff.
Lust.............................36, 119
Marina.................................121
Menschenaffe................11, 144
Messer..............100, 104, 142f.
Metaphysik.............................10
Methodik.....5, 41, 62, 66, 75, 100

Müller 30, 43, 67, 69ff., 75, 92, 97, 107, 142f.
Muskel............42f., 118, 121, 130
Nachbild.................39, 46, 79f.
Nachwirkung..........61, 80, 85, 90
Nativismus...................6, 88, 90ff.
Natur..............................149, 151
Naturgesetz..........................149
Naturphilosophie....................149
Naturvorgang..........................58
Naturwissenschaft.................149
naturwissenschaftlich.....13, 16ff., 24, 45
naturwissenschaftliche Psychologie....................17, 45
Netzhautbild..................83f., 120
Organ...12, 22, 42f., 45, 109, 118, 120, 129, 131ff., 137f., 140
Organismus. 12, 22, 45, 109, 118, 120, 129, 131ff., 137f., 140
Pädagogik..............................21
Partialwelle............................34
Pathopsychologie....................20
Phänomen. 5, 11, 34f., 40, 42, 46, 48ff., 59f., 62ff., 75, 77f., 82ff., 94, 98, 104, 110f., 125ff., 131f., 137, 139f., 144, 149, 151
Philosoph...11, 38, 58, 149, 151
Philosophie..........................149
Physiognomik.........................18
Pilzecker........................30, 142
Poppelreuter.........................102
Produktionstheorie..................68
Pseudopodien........................10
Psychoanalyse....18, 20, 137, 142
Psychognosis.........................17
psychophysisch........58, 96, 109
Puls......................................14
Quant.................................149
Quanten..............................149
quantenbiologisch.................149
Reaktionsform..................6, 118
Realität...............................149
Reflex....15, 42f., 118f., 122f., 127
Reiz....25f., 28, 35, 43f., 47ff., 51, 54f., 57ff., 62, 69, 76ff., 82ff., 87ff., 92f., 119f., 132, 139
Reizfigur...............................82
Reizkonfiguration....................76
Reizkonstellation....58, 77f., 87ff.
Reizwirkung..........................80
Relationserfassung.39, 46ff., 50f., 55f.
Relationserkenntnis.................50

Stichwortverzeichnis

Relationsphänomen..............59
Relationswahrnehmung............56
Religionspsychologie............23
Reproduktionstendenz 16, 31, 39, 42, 44, 63, 104
reproduzieren........29, 37, 97, 110
Révész....................19
Rezeptor.................42f.
Richtungsvorstellung.............32
Rothschild................80
Rubin..............84ff., 143
Schein 17, 27, 34, 51, 64, 87, 122
Scheinbares...............34
Scheler.....94, 126, 131, 139, 143
Scherzrätsel...............60f.
Schimpanse......11, 84, 98, 112ff., 116f., 122, 126f., 132ff., 136, 143f.
Schlankheitseindruck............81
Schleich.................149
Schließen................116
Schließung..80, 109f., 113, 136ff., 140
Schlussphänomen.........125, 127
Schwerpunkt...........86, 121f.
Schwingung................33f.
Seebeck..................88
Seele.....10, 16f., 24f., 39, 41, 92, 94, 115, 137, 140, 142f.
Seelenkunde...............17
Seelische........5, 10ff., 131
Selz..........100f., 104, 144
Sensualismus..........25, 108
Simultanvergleich..........5, 52, 56
Sinnlichkeit......24, 26, 36, 109
Sozial-Psychologie...........21
Spinne..........10, 124, 132
Spranger..................17
Stockgebrauch..........113, 134
Stockverwendung..............113f.
Stumpf.........38, 48, 142f.
Sukzessivvergleich...........56, 143
tachistoskopisch.........71f., 79f.

Tätigkeit...........102ff., 111
Thorndike................99, 144
Tiere....47, 99, 112, 114, 136, 144
Tierpsychologie.............22f., 131
Tierversuch.................11, 99
Timbre....................34
Tonempfindung...............34
Tonpsychologie..............48, 143
Trapez-Gestalt..............59f.
Traurigkeit................36
Treffer.............30, 102f.
Treffer-Methode..............30
Typenlehre.................20
Umstellen.................103
Umwandlungsprozess...........113f.
Undverbindung 5, 52f., 56, 73, 76, 90
Undverbundenheit............54, 72
Unlust....................36
Unsterblichkeit..............149
Unstetigkeit................98f.
Unterschiedsschwelle..51, 57, 81, 143
Urfarbe....................92
Ursache...............149, 151
Urteil......18, 38, 51, 55, 57ff., 142
Urteilstäuschung............58, 142
Variationsbereich............132
Verbundenheit..............39, 97
Vergleichs-Einstellung..........55
Vergleichungsprozess...........37
Verhalten....5, 11ff., 17ff., 33, 35f., 38, 41f., 45, 98, 101, 113, 115, 118, 123ff., 127, 129ff., 136ff.
Verhältniswahrnehmung......5, 55
Verlaufsgestalt..............139
Vermittlung................42
Vermögens-Psychologi..........24
Versagen................35, 61
Verschmelzung...............81f.
Verstimmtheit...............36
Versuch und Irrtum............99
Völker-Psychologie............21

Vorausnahme................27
Vorgangsbeobachtung......15, 18, 62f., 132
Vorstellungen..25f., 31f., 37ff., 41, 63f., 67, 89, 100, 108, 132, 144
Wahrnehmung.....5f., 12, 20, 24f., 28, 45ff., 56, 59ff., 67, 69ff., 74f., 79, 85, 88ff., 94, 96, 98f., 105ff., 110, 115, 118, 126, 128f., 131f., 137, 139f., 143f.
Wahrnehmungspsychologie....74, 99, 143
Watt.............63, 100, 104
Welle.........33f., 46, 86, 138
Werkzeug.................114f.
Wertheimer...25, 54, 61, 68, 70ff., 75, 78, 93, 95, 109, 116f., 119, 125, 143f.
Werturteil.................140
Wesen...................149
Wesenheit.............33, 138
Wiederholung....29f., 61, 91, 97f., 101ff., 116, 119
Wille......6, 36ff., 101, 132, 134ff., 140, 144, 149, 151
Willenshandlung........6, 36f., 132, 134ff.
Wollen............6, 24, 118
Wortvorstellung............26, 111
Wundt............38, 65, 89, 142
Würzburger Schule..........40, 100
Zahlendiagramm.............106
Zahlenreihe................106
Zentralorgan............96, 118
Zerlegungs-Prinzip...........5, 24
Zerlegungsprinzip 28, 34, 37f., 52, 64f., 74, 88
Ziel..32, 36, 45, 115, 123ff., 134f., 138ff.
Zielvorstellung............32, 36
Pupillen-Reflex..............15

147

BUCHTIPPS

Abrupte Klimaschwankungen seit 2000 Jahren
Lokale und kosmische Ursachen eines Klimawandels. Herausgeber: Sedlacek, Klaus-Dieter (Hrsg.). Innerhalb der letzten zwei Jahrtausende sind verschiedene abrupte Klimaschwankungen nachweisbar. Der fortwährende Wandel des Klimas verzeichnete allein fünf große Klimaepochen und zahlreiche ...

Allgemeine moderne Psychologie
Allgemeine moderne Psychologie Systematische Einführung in die Wissenschaft psychischer Prozesse Autor: Messer, August Man hat mit Recht drei Hauptwurzeln der Psychologie unterschieden: die praktische Menschenkenntnis, den religiösen Seelenglauben und die biologische Lebenserklärung. Psychologie als ...

Anleitung zum Roman-Schreiben
Wie man anfängt, einen Plot entwickelt und eine gute Geschichte erzählt. Autor: Wilde, Oliver J. Sie wollen einen Roman schreiben? Das ist toll! Aber begnügen Sie sich nicht damit, nur einen Roman ...

Äquivalenz von Information und Energie
Die Grundbausteine der Welt – Neuausgabe – Autor: Sedlacek, Klaus-Dieter. „Es stellt sich letztendlich heraus, dass Information ein wesentlicher Grundbaustein der Welt ist", versicherte der durch sein Quantenteleportationsexperiment bekannte Prof. Zeilinger in ...

Besseres Gedächtnis
Wie man es stärkt, trainiert und einsetzt. Autor: Atkinson, Wilhelm Walker. Viele Menschen scheinen zu glauben, dass Erinnerungen einfach kommen und nicht gefördert werden können. Aber der Trugschluss einer solchen Vorstellung wird ...

Der erdgeschichtliche Klimawandel
Den wahren Ursachen von Klimaschwankungen auf der Spur. Autor: Wilhelm Bölsche, Klaus-Dieter Sedlacek (Hrsg.). Der Klimazustand während der letzten Jahrhunderttausende ist im Wesentlichen auf den Einfluss von Sonneneinstrahlung zurückzuführen, die ...

Der verborgene Mechanismus des Weltgeschehens
Der verborgene Mechanismus des Weltgeschehens Neue Erkenntnisse über die Gestalten biotechnischer Systeme der Welt Autoren: Sedlacek, Klaus-Dieter; Francé, Raoul H. Seit Jahrtausenden ist die Menschheit bestrebt, die Welt, in der sie lebt, erkennen ...

Die geheimnisvolle Kultur der alten Kelten
Von Druiden, Fürstensitzen und der Lebensart unserer frühgeschichtlichen Vorfahren. Autor: Grupp, Georg Die Kelten zeichneten sich aus durch hohes handwerkliches Können, Handelsbeziehungen bis in den Süden Europas und tollkühnem Mut, der den ...

Die Kultur der Azteken
Mit einem Anhang Große Landesausstellung Baden-Württemberg „Azteken" im Lindenmuseum. Autor: Prescott, William. „Von dem ganzen ausgedehnten Reich, das einst die Herrschaft Spaniens in der Neuen Welt anerkannte, ist kein Teil an Wichtigkeit ...

Die Lebenskraft
Wie Enzyme, Bewusstsein und quantenbiologische Effekte das Leben regulieren Autoren: Sedlacek, Klaus-Dieter; Wrobel, Norbert Der Begründer der Quantenmechanik und Nobelpreisträger Erwin Schrödinger beschäftigte sich unter anderem mit der Frage: „Was ist Leben?" ...

Die letzten Ursachen
Das Buch der Naturerkenntnis. Hrsg.: Sedlacek, Klaus-Dieter. Die klassischen physikalischen Theorien, zum Beispiel die klassische Mechanik oder die Elektrodynamik, haben eine klare Interpretation. Den Symbolen der Theorie wie Ort, Geschwindigkeit, Kraft beziehungsweise ...

Die verborgene Ordnung des Weltsystems
Neue Erkenntnisse über die schöpferischen Kräfte der Natur. Autor: Francé, Raoul Heinrich. Wie zeigt sich die verborgene Ordnung des Weltsystems? Woher kommt die Erfindungskraft, die den Wohlstand bei uns sichert? Ist sie ...

Durchblick Chemie
Praktische Grundlagen und Einführung in die anorganische, organische und Biochemie Klaus-Dieter Sedlacek, Lassar Cohn, Walther Löb Wollen Sie in unserer modernen Welt mitreden? Dann brauchen Sie den Durchblick! Dazu gehören auch Grundkenntnisse ...

Einfach logisch denken!
Oder die Gesetze des Denkens. Autor: Atkinson, Wilhelm Walker In diesem Buch werden die Methoden und Prinzipien der korrekten Anwendung des Denkvermögens aufgezeigt, und zwar auf eine einfache und klare Weise, ohne ...

Einsteins Relativitätstheorie ganz ohne Mathematik
Spezielle und allgemeine Relativitätstheorie Paul Kirchberger, Klaus-Dieter Sedlacek (Hrsg.) Man wird nicht selten gefragt, ob man eine Schrift wisse, die in die Einsteinsche Theorie für Laien so einführen könne, dass ...

Epigenetik-Experimente
Neuvererbung oder Beweise für die Vererbung erworbener Eigenschaften? Autor: Kammerer, Paul Der Biologe Paul Kammerer wurde durch seine Aufsehen erregenden Experimente zur Epigenetik berühmt. In einer seiner Versuchsserien verwendete er zwei Arten ...

Es begann mit Feuerskraft
Das Werden des Menschen und seiner Kultur. Autor: Neumann, Carl Wilhelm. Seit Anbeginn sei-

ner Tage war der Mensch keineswegs der stolze Beherrscher der Natur, als den er sich heute mit Recht ...

Exotische Reise durch Persien
Abenteuerlicher Bericht aus einer fremdartigen Welt des 19ten Jahrhunderts. Autor: Loti, Pierre. „Wer mit mir kommen und die Zeit der Rosenblüte in Ispahan sehen will, der mache sich gefasst auf die Gefahren ...

Freizeitvergnügen Sternenhimmel mit bloßem Auge
Wie man Sternbilder auffindet ohne Instrumente. Autor: Kirchberger, Paul. Der Anblick des gestirnten Himmels ist das Größte, das uns die Natur zu bieten vermag, und kein empfängliches Gemüt kann sich seinem Eindruck ...

Geld vernünftig ausgeben
Über die richtige Art von Sparsamkeit Autor: Marden, Orison Swett Im Inhalt behandelte Punkte: – Wirtschaft ist keine Schikane, sondern das planvolle Handeln zur Befriedigung von Bedürfnissen. – Kapital ist der kleine Unterschied zwischen ...

Gestalt-Psychologie
Einführung in die neue Psychologie vom Begründer der Gestaltpsychologie Kurt Koffka , Klaus-Dieter Sedlacek (Hrsg.) Kurt Koffka hat als forschender Psychologe für dieses Buch zur Einführung in die Psychologie einen besonderen ...

Homöopathie und Praxis
Naturheilkundliche alternative Medizin für den mündigen Patienten. Autor: Voorhoeve, Jacob. Der Zweck des Buches ist es, den Leser mit der homöopathischen Heilweise näher bekannt zu machen. Unter Wahrung des wissenschaftlichen Charakters gibt ...

Im dunkelsten Afrika
Die legendäre Emin-Pascha Expedition. Autor: Stanley, Henry M. Im Sudan, der ab 1821 unter die Herrschaft der osmanischen Vizekönige von Ägypten gekommen war, brach 1881 der Mahdiaufstand aus. Nach dem Abzug der ...

Jenseits der Erscheinungen
Erkennbarkeit und Realität der Quantennatur. Autor: Schlick, Moritz. Es ist kein Zweifel, dass echte Erkenntnis der transzendenten Welt sehr wohl möglich ist. Die Wendung, zu der die Physik der letzten Jahre bzw. Jahrzehnte ...

Kleines Wörterbuch der Natur-Philosophie
1200 Begriffe, die man kennen sollte, kurz und prägnant. Herausgeber: Sedlacek, Klaus-Dieter. „Ein neues Wörterbuch der Natur-Philosophie? Wozu soll das gut sein? Schließlich gibt es doch ein riesiges, umfangreiches Internetlexikon in aller ...

Klimaänderungen und Klimaschwankungen
Ursachen, historische Fakten und kosmische Einflüsse, sowie ein Anhang „Mittelalterliche Warmzeit" Eduard Brückner, Julius Hann , Klaus-Dieter Sedlacek (Hrsg.) Größere Klimaänderung und Klimaschwankungen können nicht ohne einen tiefgehenden Einfluss auf das ...

Kultur erleben mit dem Wohnmobil in Frankreich
Vierzig kulturelle Highlights, Park- und Übernachtungsplätze sowie Navigations-Koordinaten Klaus-Dieter Sedlacek (Hrsg.) Dieser Wohnmobilführer ist anders. Er hilft uns, Kulturerlebnisse zu einem Genuss werden zu lassen. Er enthält die Beschreibung von vierzig kulturellen ...

Leben aus Quantenstaub
Leben aus Quantenstaub Elementare Information und reiner Zufall im Nichts als Bausteine einer 4-dimensionalen Quanten-Welt Autoren: Wrobel, Norbert; Sedlacek, Klaus-Dieter Obwohl bereits vor mehr als hundert Jahren die Quantenphysik Gestalt annahm, setzte sich ...

Leben in der Warmzeit der Erde
Aus den Urtagen vor dem heutigen Klimawandel Wilhelm Bölsche , Klaus-Dieter Sedlacek (Hrsg.) Der Weltklimarat schlägt Alarm. Die Lage spitzt sich zu: Die Erde erwärmt sich immer mehr. In diesem Buch geht ...

Leben nach dem Leben
Die Befreiung des Bewusstseins von den Fesseln der Zeit Klaus-Dieter Sedlacek Für uns Menschen hat die Frage nach dem zeitlichen Ende unserer Existenz eine hohe Bedeutung. Die Antwort, die der Glaube sucht, ...

Leonardo da Vinci
Seine naturwissenschaftlichen Studien und genialen Erfindungen Hermann Grothe , Klaus-Dieter Sedlacek (Hrsg.) Leonardo da Vinci versuchte, ein Phänomen zu verstehen, indem er es genau beobachtete und bis ins kleinste Detail beschrieb ...

Liebesbeziehungen und deren Störungen
Lebensführung nach den Grundsätzen der Individualpsychologie. Autor: Alfred Adler , Klaus-Dieter Sedlacek (Hrsg.) Um einen Menschen ganz kennenzulernen, ist es notwendig, ihn auch in seinen Liebesbeziehungen zu verstehen ... Wir müssen ...

Massenpsychologie am Beispiel Jan Bockelsons
Geschichte eines Massenwahns mit einer Einführung von Sigmund Freud Friedrich Reck-Malleczewen , Klaus-Dieter Sedlacek (Hrsg.) Der Begriff Massenhysterie oder auch Massenwahn bezeichnet eine starke emotionale Erregung in großen Menschenmengen. Auch massenhaft ...

Meine erste Weltumsegelung
Tagebuch einer epochalen Expedition James Cook , Klaus-Dieter Sedlacek (Hrsg.) James Cook unternahm seine erste Weltumsegelung im Rahmen einer wissenschaftlichen Expedition, einem Durchgang des Planeten Venus vor der Sonnenscheibe – ...

Mit der Beagle um die Welt
Bericht meiner Forschungsreise zum Galapagos-Archipel Charles Darwin , Klaus-Dieter Sedlacek (Hrsg.) Auszug aus Darwins Reisebericht: Ich habe die Reise mit zu tief empfundenem Entzücken gemacht, als dass ich nicht jedem Naturforscher empfehle ...

Naturphilosophie
Das Wesen von Naturgesetzen und die Erklärung des Lebens. Neubearbeitung. Autor: Schlick, Moritz. Die Naturphilosophie verhält sich zur Naturwissenschaft wie die Philosophie im Allgemeinen zur Wissenschaft überhaupt. So ist es die Aufgabe ...

Optische Täuschungen
… und Illusionen, sowie ihre Ursachen. Autor: Reuss, August von . Optische Täuschungen bzw. Illusionen können nahezu alle Aspekte des Sehens betreffen. Es gibt Illusionen aller Art, Lichtblitze, Farbreize, Tiefenillusionen, geometrische Illusionen, ...

Peking – Paris im Automobil
Die legendäre 16.000 km – Rallye 1907. Autor: Barzini, Luigi. „Gibt es jemanden, der diesen Sommer eine Fahrt per Automobil von Peking nach Paris unternehmen wird?", fragte die Pariser Zeitung Le Matin ...

Phänomen Naturgesetze
Phänomen Naturgesetze Das Geheimnis hinter den Erscheinungen der Welt Autor: Sedlacek, Klaus-Dieter Was uns an den beinahe mythischen Denkern der antiken Welt so fasziniert, ist die wundervolle, abgeschlossene Einheit ihres Weltbildes. Mit welcher ...

Psychologische Verkaufskunst
Denk- und Handlungsweisen, Vorgangsweise und Abschluss. Autor: Atkinson, Wilhelm Walker. In der Psychologie der Verkaufskunst gibt es zwei wichtige Elemente, nämlich (1) Die Psyche des Verkäufers; und (2) die Psyche des Käufers. Das zu verkaufende ...

Quantenbewusstsein
Quantenbewusstsein Natürliche Grundlagen einer Theorie des evolutiven Quantenbewusstseins Autoren: Wrobel, Norbert; Sedlacek, Klaus-Dieter Seltsam sind die physikalischen Gesetze, die unsere Welt wirklich beherrschen: Es sind die Gesetze einer makroskopischen Quantenwelt, in der alles ...

Supervereinigung
Wie aus nichts alles entsteht. Ansatz einer großen einheitlichen Feldtheorie. – Neuausgabe -. Autor: Sedlacek, Klaus-Dieter. Unter Physikern herrscht allgemein Übereinstimmung darin, dass die fundamentale Wirklichkeit unserer Welt aus Feldern besteht. Bei ...

The great god Pan / Der große Gott Pan – zweisprachig
Horror story English – German / Horror Geschichte Englisch – Deutsch. Autor: Machen, Arthur. The Great God Pan is a horror and fantasy novel by the Welsh writer Arthur Machen. Machen was ...

The nature of the physical world
The Gifford Lectures 1927 Sir Arthur Eddington , Klaus-Dieter Sedlacek (Hrsg.) In these lectures the author Eddington discusses some of the results of modern study of the physical world which give ...

The Philosophy of Physical Science
TARNER LECTURES 1938 – CAMBRIDGE Sir Arthur Eddington , Klaus-Dieter Sedlacek (Hrsg.) It is often said that there is no „philosophy of science", but only the philosophies of certain scientists. But ...

Treibhauseffekt und Klimawandel
Energiewende, ja bitte, aber nicht wegen CO_2. Von Sedlacek, Klaus-Dieter (Hrsg.) Dieses Buch dokumentiert zum Thema Klimawandel und CO_2 teils unbequeme wissenschaftliche Fakten bzw. Meldungen und die dazugehörigen Quellen. Sie sind eingeladen, ...

Unsterbliches Bewusstsein
Raumzeit-Phänomene, Beweise und Visionen – Taschenbuchausgabe Klaus-Dieter Sedlacek In diesem Buch geht es weder um Glauben noch um Esoterik, sondern um Beweise. Glaubwürdige, wissenschaftliche Beweise, die in eine Form gepackt sind, dass ...

Wege zur Physikalischen Erkenntnis
Meine wissenschaftliche Selbstbiographie, Reden und Vorträge Max Planck , Klaus-Dieter Sedlacek (Hrsg.) Diese erweiterte Neuauflage des Buchs „Wege zur physikalischen Erkenntnis" enthält neben der wissenschaftlichen Selbstbiographie folgende Vorträge: Die Einheit des physikalischen ...

Wie intelligent sind Pflanzen?
Sensationelle Einblicke in die geheime Seite des pflanzlichen Wesens Autoren: Wagner, Adolf; Sedlacek, Klaus-Dieter In diesem Buch behandeln die Autoren Fragen zum Thema Intelligenz und Bewusstsein bei Pflanzen und geben Antworten. Der ...

Wie man seinen Verstand benutzt
Und seine Willenskraft stärkt. Ein praktisches Handbuch der Psychologie. Autor: Atkinson, Wilhelm Walker. Der Mechanismus der psychischen Zustände – die geistige Maschinerie, mit deren Hilfe wir fühlen, denken und wollen – ...

Zeichnen für Einsteiger
Achtzehn Lektionen in naturalistischem Zeichnen. Autor: Furniss, Dorothy. Magst du die Malerei? Ist Zeichnen für dich interessant? Hast du einen Bleistift, eine Schachtel Kreide oder einen Malkasten? Denn wenn du auch nur ...

Internet: https://leseproben.net